Tatjana Boshkov

Taxa de câmbio, indexação salarial, choques externos e concorrência

Tatjana Boshkov

Taxa de câmbio, indexação salarial, choques externos e concorrência

ScienciaScripts

This book is a translation from the original published under ISBN 978-3-659-79842-9.

Publisher:
Sciencia Scripts
is a trademark of
Dodo Books Indian Ocean Ltd. and OmniScriptum S.R.L publishing group

120 High Road, East Finchley, London, N2 9ED, United Kingdom
Str. Armeneasca 28/1, office 1, Chisinau MD-2012, Republic of Moldova, Europe
Printed at: see last page
ISBN: 978-620-7-78872-9

Índice:

AJUSTAMENTOS DA TAXA DE CÂMBIO, INDEXAÇÃO DOS SALÁRIOS, POLÍTICA EXTERNA

CHOQUES E COMPETITIVIDADE

Tatjana Boshkov, PhD
Ass. Professor no
Universidade "Goce Delcev"- Stip, Macedónia
Correio eletrónico: tatjana.boskov@ugd.edu.mk; tatjana.boshkov@gmail.com

Para os meus queridos Kalina e Goran

Capítulo 1

1. Introdução

As novas economias abertas permitiram aos economistas lidar com problemas clássicos utilizando novos instrumentos e gerando novas ideias e questões. Nas suas tentativas para que os novos modelos sejam abrangidos pela regularidade empírica, os investigadores introduzem diferentes pressupostos sobre os preços internacionais dos bens, nomeadamente os modelos de preços de mercado e de preços na moeda de destino das exportações. Alguns destes modelos de resultados implicam que as alterações da taxa de câmbio não têm o efeito de transmissão de custos, pelo que parecem exigir uma conceção radical do papel da taxa de câmbio no ajustamento internacional. A investigação recente em economia aberta produziu uma síntese de abordagens dinâmicas provisórias com modelos antigos de preços rígidos em flutuações macroeconómicas.

Nas tentativas dos investigadores de tornar mais fiáveis estes modelos cobertos pela regularidade empírica, introduziram diferentes pressupostos relativamente ao comportamento dos preços internacionais. É uma boa ilustração do poder da nova abordagem, mas é também uma questão de enormes consequências para a análise política, uma avaliação dos benefícios de estabilização da flexibilidade da taxa de câmbio. O pessimismo em relação aos lucros brutos da taxa de câmbio flexível é uma caraterística contínua da cena intelectual, e a última ronda de debates baseia-se precisamente na observação da transmissão extremamente baixa e lenta das alterações da taxa de câmbio aos preços no consumidor.

Capítulo 2

2. As variações da taxa de câmbio promovem o ajustamento internacional?

Na literatura económica, existem cinco variedades de pessimismo em relação à taxa de câmbio. A questão acima referida é antiga, o que significa que o seu significado evoluiu significativamente ao longo dos anos. Quando as instituições de Bretton Woods começaram a funcionar no final dos anos 40, a expressão "ajustamento internacional" era entendida em todo o lado em condições de regresso ao equilíbrio da balança de pagamentos. Nomeadamente, a depreciação da taxa de câmbio reduzirá o défice de pagamentos se os seus efeitos sobre os preços relativos internacionais conduzirem a um aumento das exportações e a uma redução das importações. Atualmente, pode perguntar-se se a implicação da política de maximização do bem-estar é mais importante do que a variação da taxa de câmbio?

As implicações básicas para o modo de moeda da resposta negativa não são alteradas de acordo com a teoria. Se as flutuações da taxa de câmbio não tiverem um papel benéfico - através dos efeitos de choques nos pagamentos internacionais ou na atividade agregada, então o regime credível de taxa de câmbio fixa como união monetária é preferido como uma variável de taxa de câmbio introduzida. Na história da literatura económica existe um pessimismo elástico clássico. A partir dos estudos de Tinbergen, em meados da década de 1930, os investigadores empíricos (antes e depois da Segunda Guerra Mundial) defenderam a posição de que as elasticidades dos preços na procura de exportações e importações eram bastante baixas ou demasiado baixas para satisfazer a condição Marshall-Lerner, segundo a qual a depreciação da moeda melhoraria a balança comercial.[1] Assim, Metzler conclui:[2]

"Considerando a baixa elasticidade dos preços encontrada na maioria dos estudos empíricos da procura, parece mais provável que a depreciação, a curto prazo, não possa melhorar a balança comercial do país, a menos que a procura inelástica de importações seja a mesma

[1] Tinbergen, Jan, *An Econometric Approach to Business Cycle Problems*, Paris: Hermann, 1937.

[2] Metzler, Lloyd A., "The Theory of International Trade", em Howard S. Ellis, ed., A Survey of Contemporary Economics, Filadélfia. *A Survey of Contemporary Economics*, Philadelphia: Blakiston, 1948.

com uma oferta de exportação inelástica adequada. Mesmo nos casos em que a resiliência da balança comercial é provavelmente pequena, e movimentos significativos na taxa de câmbio podem, portanto, ser necessários para eliminar um défice mais do que insignificante". Por outras palavras, durante um período de tempo relativamente curto, os movimentos da taxa de câmbio não são formas eficientes de afetar recursos entre o uso externo e interno. Metzler continua a argumentar que estas conclusões racionalizam a ênfase de Bretton Woods na estabilidade cambial e na utilização do controlo direto das importações. Sugere também que as elasticidades comerciais são mais elevadas a longo prazo, justificando a reestruturação da moeda (independentemente dos efeitos negativos a curto prazo sobre a balança comercial) em situações de desequilíbrio fundamental.

Capítulo 3

3. A determinação da elasticidade dos preços, do comércio e da taxa de câmbio

O conhecido trabalho de Orcutt[3] , escrito no departamento de investigação do FMI[4] , mostrou como o enviesamento agregado, o enviesamento simultâneo, o trailing e outros factores mostram que a econometria onde se encontra uma baixa elasticidade do comércio mesmo quando as elasticidades são razoavelmente elevadas. Além disso, Machlup elabora o termo "pessimismo elástico".[5] A sua investigação, incluindo o trabalho e os dados não consolidados, sugere que as elasticidades comerciais são efetivamente mais elevadas do que o horizonte anual do que os últimos estudos estatísticos indicados. Atualmente, não há dúvida de que a elasticidade é significativamente mais elevada do que no início do período de câmbio flutuante. A segunda variante refere-se ao modelo de paridade do poder de compra (PPC). Nomeadamente, muitos argumentos diferentes que levam à prescrição da taxa de câmbio fixa decorrem da tradição de modelação associada às abordagens monetárias da balança de pagamentos e da taxa de câmbio. Neste quadro, os preços monetários são adaptados de forma flexível para limpar a

e a lei do preço único é mantida para os bens transaccionáveis. Neste mundo, a moeda é neutra e as variações na taxa de câmbio nominal têm um papel central na afetação de recursos. Uma variante desta classe de modelos considera que, embora os países possam produzir produtos diferentes, as elasticidades de substituição são tão elevadas que agregam todos os produtos da terra num único bem ou numa forma extrema de otimismo elástico. Num mundo assim, o ajustamento da taxa de câmbio não pode afetar os preços internacionais relativos. McKinnon, por exemplo, defendeu uma taxa de câmbio fixa a par do "monetarismo mundial" baseado neste tipo de modelo. Krugman apresenta um argumento eficaz baseado nesta abordagem.[6] A variante deste argumento foi aplicada aos países em desenvolvimento. Este argumento ilustra o facto de, para muitos países em desenvolvimento, a transição para o índice geral de preços no consumidor (IPC) ser tão rápida como a redução significativa dos benefícios estabilizadores da taxa de câmbio flexível.

2.1. *Rigidez do salário real*

Branson e Rotemberg[7] e Sachs[8] forneceram modelos no estilo de Mundell-Fleming de política macroeconómica com salários reais rígidos, modelos que implicam que a política monetária seria ineficaz com uma taxa de câmbio flutuante. Neste contexto, assume-se que a oferta do produto é uma função do trabalho variável (fator de produção) e do capital fixo (fator de produção), e a procura de trabalho das empresas é uma função decrescente do salário real de produção. Por outro lado, a procura de um único salário resulta num salário real constante do IPC. A procura do produto nacional é uma função decrescente da taxa de câmbio real definida em relação ao preço do produto nacional, que é flexível e iguala a oferta à procura. De acordo com a norma de Mundell-

No modelo Fleming, os preços de importação são dados em termos de moeda estrangeira e são ajustados um a um com a taxa de câmbio. O resultado é que a expansão monetária é

---

[3] Orcutt, Guy H., "Measurement of Price Elasticities in International Trade", *Review of Economics and Statistics*, 32, 1950, pp. 117-132.

[4] Blejer, Mario I., Mohsin S. Khan e Paul R. Masson, "Early Contributions of *Staff Papers* to International Economics", *IMF Staff Papers*, 42, 1995, pp. 707-733.

[5] Machlup, Fritz, "Elasticity Pessimism in International Trade", *Economia Internazionale*, 3, 1950, pp. 118-141.

[6] Krugman, Paul R., "Has the Adjustment Process Worked?" in C. Fred Bergsten, ed. *International Adjustment and Financing: The Lessons of 1985-1991*, Washington, D.C.: Institute for International Economics, 1991.

[7] Rotemberg, Julio J., e Branson, William H., "International Adjustment with Wage Rigidity", *European Economic Review*, 13, 1980, pp. 309-332.

[8] Sachs, Jeffrey D., "Wages, Flexible Exchange Rates, and Macro-Economic Policy", *Quarterly Journal of Economics*, 94, 1980, pp. 731-747.

ineficaz.
3.1. *Mercado de trabalho europeu e política monetária ineficaz em 1990*
Através do aumento dos preços das importações e, por conseguinte, do IPC nacional, a desvalorização da moeda faz aumentar a procura de salários nominais. O aumento inicial do salário de produção daí resultante provocará uma redução da oferta por parte das empresas, pelo que se verifica uma pressão no sentido da subida do preço dos bens nacionais e, consequentemente, uma nova pressão no sentido da subida do salário nominal. O equilíbrio é restabelecido quando o preço do produto nominal, o salário nominal e a taxa de câmbio, ou seja, todos aumentam proporcionalmente à expansão monetária, deixando o salário real, a taxa de câmbio real e o produto interno real instáveis. Em suma, o crescimento dos salários nominais anula qualquer efeito de desenvolvimento do emprego resultante da expansão monetária. É interessante que o argumento é seguido independentemente da dimensão da quota das importações no consumo interno. Em 1990, a alegada rigidez dos salários reais na Europa constitui um dos argumentos para a criação de uma moeda única. O mercado de trabalho europeu indicava uma política monetária bastante ineficaz. Em Obstfeld, este argumento é considerado e sugere-se que o movimento em direção ao euro terá ainda boas razões para atribuir custos brutos à transferência da autonomia monetária nacional.[9] Note-se que o argumento da rigidez do salário real se aplica à Europa no seu conjunto, pelo que, a partir de modelos simples de salários reais rígidos, se pode concluir que a política monetária do Banco Central Europeu só pode ser eficaz através dos efeitos dos grandes países. Na prática, as coisas passam-se de forma diferente.
Em geral, a zona euro é menos aberta do que as economias individuais dos seus membros, os preços na produção são rígidos e a forte desvalorização do euro (após o seu lançamento) não causa nada que se aproxime de uma inflação adequada dos preços na produção. Um elemento importante é o preço do mercado e os custos. Quando o dólar se desvalorizou em relação aos níveis atingidos em 1985, o défice da balança de transacções correntes dos Estados Unidos começou por se comportar de forma inadequada. Num contributo significativo, Dornbusch mostra como a interação estratégica entre os produtores nacionais e os importadores concorrentes pode resultar numa reação silenciosa dos preços das importações às variações da taxa de câmbio, pelo menos em comparação com a resposta totalmente proporcional dada pelo modelo Mundell-Fleming de um pequeno país - a hipótese de uma lei de preços única.[10]
Quando os mercados estão segmentados a nível internacional, de modo que a arbitragem para revenda é limitada, os produtores de bens permutáveis podem ter a oportunidade de praticar um terceiro grau de discriminação de preços, adaptando os preços que cobram a cada um dos destinos do mercado. Com um tal preço no mercado, os exportadores japoneses para os Estados Unidos confrontam-se com a valorização do iene em relação ao dólar, pelo que não podem aumentar o preço do dólar de exportação para muitos. Em vez disso, pode optar por reduzir o preço do iene e, assim, reduzir a sua margem de lucro para as vendas nos EUA, bem como para defender a sua quota no mercado dos EUA.
Neste cenário, o preço do bem em dólares para os americanos está a aumentar menos do que a depreciação do dólar face ao iene. Por esta razão, o efeito da desvalorização sobre o preço relativo das importações japonesas e dos produtos americanos concorrentes é abandonado. Estudos empíricos demonstraram de forma convincente a prevalência do comportamento dos preços de mercado dos produtos de base nos países da OCDE.[11] Um facto estilizado a este respeito é que, em resposta a uma depreciação de 10% da moeda do país de destino, os

---

[9] Obstfeld, Maurice, "Europe's Gamble", *Brookings Papers on Economic Activity*, 2, 1997, pp. 241-317.

[10] Dornbusch, Rudiger, "Exchange Rates and Prices", *American Economic Review*, 77, 1987, pp. 93-106.

[11] Goldberg, Pinelopi Koujianou e Michael M. Knetter, "Goods Prices and Exchange Rates: What Have We Learned?". *Journal of Economic Literature*, 35, 1997, pp. 1243-1272.

exportadores reduzem o seu próprio preço de exportação da moeda em cerca de 5% no mesmo ano. A passagem média da depreciação da moeda para os preços de importação da produção tende a ser de cerca de 50% na altura do horizonte de um ano. Assim, as mudanças da transição da taxa de câmbio para os preços de importação e a transição para a importação interna e os preços competitivos dos bens e o IPC total devem ser tidos em conta. Se tudo o resto for igual, uma transição mais extensa e mais rápida para os preços de importação melhorará os efeitos de transferência de custos das flutuações da taxa de câmbio. Inversamente, uma transição mais completa e mais rápida para os preços internos reduzirá os efeitos de transferência de custos.

Porque é que podemos esperar uma transição rápida para os preços das importações e uma transição lenta para o IPC em resposta a um choque monetário? Isto deve-se ao facto de o custo dos salários ser uma componente importante da produção e de os salários serem nominalmente rígidos e (em condições normais) muito fracos. Tendo em conta esta lentidão nos custos em moeda nacional, os preços na produção herdarão uma tendência para responder lentamente aos impulsos monetários, onde os exportadores enfrentarão as pressões adequadas para manter os preços em moeda nacional para as suas exportações, e para manter as margens de lucro. Em vez disso, estudos dinâmicos como os de Campa e Goldberg sugerem uma transição significativa a longo prazo das alterações da taxa de câmbio para os preços de importação.[12] Se o preço de mercado e a passagem parcial são um fenómeno de curto prazo, só podem ter uma força limitada para explicar o ajustamento tardio às flutuações da taxa de câmbio.

3.2. *Preços de mercado e preços em moeda local*

Outra variação refere-se aos preços no mercado com o preço da moeda local. A literatura de uma nova economia aberta permitiu a quem utiliza modelos avaliar as implicações de várias formas de rigidez de preços e de salários com modelos dinâmicos de equilíbrio geral completamente especificados. Numa economia aberta, a rigidez dos preços nominais pode assumir várias formas, e as diferenças de orientação dos preços podem provocar mudanças bruscas tanto nas orientações do ajustamento macroeconómico como no bem-estar dos regimes monetários.

Uma das vertentes da literatura toma como ponto de partida empírico a determinação de que, para a taxa de câmbio real do IPC, a denominação para os aspectos transaccionáveis/não transaccionáveis tem pouco poder explicativo: pelo menos quando a taxa de câmbio nominal é altamente variável, os preços internacionais relativos dos bens transaccionáveis movem-se bastante em linha com os preços relativos dos bens não transaccionáveis.[13] Uma interpretação possível deste resultado é que os exportadores (não só discriminam os preços nos mercados), também definem os preços de exportação na moeda do comprador e satisfazem a procura a preços fixos na moeda local a curto prazo. Com os preços internos também definidos na moeda nacional, a taxa de câmbio real do IPC e a taxa de câmbio nominal estarão aproximadamente perfeitamente correlacionadas no curto prazo. Alguns autores examinaram modelos em que os exportadores vendem efetivamente diretamente aos consumidores com base no preço de mercado e na fixação de preços em moeda local (LCP). A fixação de preços na moeda local tem implicações importantes para o ajustamento da economia às flutuações da taxa de câmbio. Assumir que a expansão monetária provoca a depreciação da moeda. Com as importações e os preços internos rígidos, as alterações da moeda não podem transferir a procura interna das importações para os bens nacionais. O maior impacto económico interno

---

[12] Campa, José Manuel, e Linda A. Goldberg, "Exchange Rate Pass-Through into Import Prices: A Macro or Micro Phenomenon?", mimeo, IESE Business School e Federal Reserve Bank of New York, 2001.
[13] Engel, Charles, "Accounting for U.S. Real Exchange Rate Changes", *Journal of Political Economy*, 107, 1999, pp. 507-538.

será nos lucros dos exportadores nacionais. Se estes apreciarem os seus bens em moeda estrangeira, a depreciação da moeda nacional aumenta os seus lucros medidos em termos de moeda nacional. No caso de uma moeda local, o pessimismo cambial ocorre, não porque a elasticidade da substituição entre importações e substitutos domésticos seja pequena, mas devido às respostas dos preços das importações à taxa de câmbio que são assumidas, ou seja, são consideradas nulas.

Capítulo 4

4. As regras da política monetária óptima e os choques exógenos

Se considerarmos o preço na moeda do comprador, podemos dizer como alguns modelos nas novas economias abertas presumem que os preços de importação são fixos na moeda do produtor - o caso do preço na moeda do produtor ou preço na moeda do produtor (PCP). Em princípio, esta formulação, juntamente com alguma segmentação do mercado internacional, pode ser consistente com o preço de mercado (PTM) através dos exportadores, que pode ser fixado de forma diferente do preço na moeda do produtor para bens destinados a diferentes mercados. Esta abordagem implicaria uma elasticidade unitária a curto prazo dos preços de importação em relação à taxa de câmbio, pelo que a maioria dos modelos adopta tácticas mais simples para aplicar a lei a um preço único para os bens importados, como no modelo Mundell-Flaming. Obstfeld e Rogoff desenvolveram um modelo de salários rígidos de acordo com estas orientações e estudaram as suas implicações para as regras de uma política monetária óptima face a choques exógenos na indústria transformadora.[14]

Neste modelo, existem distorções monopolistas nos mercados de trabalho e de produtos, mas as regras monetárias não podem compensar este facto de forma a aumentar o bem-estar acima do seu nível de salário flexível. A melhor coisa que uma política monetária pode fazer é ganhar uma afetação fiscal do salário associada aos valores realizados dos choques de produção, que são limitados-eficientes-isto é, um objeto eficaz para as distorções monopolistas. No equilíbrio de um salário flexível, um choque negativo na produção interna relativa (mantendo a produtividade média global constante) exigirá um declínio na produção interna relativa e um crescimento nos seus preços relativos. A contração monetária interna e a igual expansão externa apreciam a moeda nacional, aumentando o preço da produção nacional para os estrangeiros e reduzindo o custo da produção estrangeira para os residentes nacionais devido ao pressuposto do PCP, ou seja, o preço da moeda do produtor.

Assim, a taxa de câmbio livremente variável apoia a afetação optimizada limitada de um salário flexível, mesmo quando os salários são definidos e fixados *ex post*.

Estes resultados devem ser alterados quando existem distorções adicionais na economia mundial, como demonstram Obstfeld e Rogoff.[15] Se a afetação de salários flexíveis não for efetivamente limitada, as autoridades monetárias podem melhorar a situação se forem dirigidas em parte para distorções adicionais. Nos modelos de Obstfeld e Rogoff, a partilha internacional do risco dos consumidores é perfeita. Estes autores admitem uma partilha imperfeita do risco internacional, o que introduz uma distorção adicional para além da distorção dos salários rígidos. Ora, no equilíbrio cooperativo global, as regras monetárias óptimas não tendem mais a reproduzir a afetação de flexibilidade *ex post*.[16] Em vez disso, essas regras afastam-se da afetação posterior para melhorar a partilha internacional do risco e, em função das variáveis preferidas, a taxa de câmbio pode ser mais ou menos variável do que no caso das regras de um salário flexível.

Goodfriend e King caracterizam as regras monetárias que reproduzem uma equação de preços flexível *ex post* como produzindo "estabilidade de preços", ou seja, a política monetária óptima visa produzir um salário nominal estável (em vez de estabilidade cambial) quando a rigidez de um salário é apenas uma distorção relevante.[17] O modelo de Devereux e

---

[14] Obstfeld, Maurice, e Kenneth Rogoff, "New Directions for Stochastic Open Economy Models," *Journal of International Economics*, 50, 2000, pp. 117-153.

[15] Obstfeld, Maurice, "Inflation Targeting, Exchange Rate Pass-Through, and Volatility", *American Economic Review*, 92, 2002, pp. 102-107.

[16] Obstfeld, Maurice, e Kenneth Rogoff, "New Directions for Stochastic Open Economy Models", *Journal of International Economics*, 50, 2000, pp. 117-153.

[17] Goldberg, Pinelopi Koujianou e Michael M. Knetter, "Goods Prices and Exchange Rates: What Have We Learned?". *Journal of*

Engel parte da definição, assumindo que os exportadores podem discriminar no mercado interno e nos mercados externos (PTMs), pelo que ajustam os preços na moeda do comprador (LCP).[18] O modelo engloba a regularidade de que os movimentos nas taxas de câmbio nominais e reais do IPC estão intimamente ligados, uma vez que o IPC do país é fixado na sua totalidade, tanto na componente interna como na componente de importação. Outra implicação realista é o facto de existirem desvios à lei do preço único para os bens que podem ser transaccionados, ou seja, para a troca, ou desvios que estão intimamente relacionados com alterações na taxa de câmbio nominal. Devereux e Engel não fazem distinção entre os preços no consumidor dos bens importados e os preços no produtor, em que os importadores vendem os seus produtos a retalhistas nacionais.[19] Assim, em termos agregados, cada país enfrenta uma rigidez temporária dos preços relativos da produção nacional em termos de importações. Se as importações do país forem avaliadas em moeda local, as implicações para a política monetária óptima são drásticas.

Em primeiro lugar, as alterações na taxa de câmbio tornam-se incapazes de alterar os preços relativos que as entidades económicas nacionais enfrentam. Assim, o importante papel de afetação da taxa de câmbio flexível nos modelos PCP ou a fixação de preços na moeda do produtor, evapora-se. A política monetária simplesmente não pode ser utilizada em geral para conseguir uma afetação *ex post* de preços flexíveis. A taxa de câmbio não tem poder de deslocação de custos, pelo que se justifica o pessimismo cambial. Qual é o papel da flexibilidade ex *post* da taxa de câmbio? A resposta talvez surpreendente seja: talvez não. Neste contexto, Engel salienta a forma como a conclusão do modelo para o pressuposto de um mercado de obrigações nominais cria taxas de substituição marginais provisórias relativas internacionais proporcionais às variações da taxa de câmbio real.[20] A fim de minimizar os "desvios" *ex post* da quota de risco real, as flutuações da taxa de câmbio real devem ser minimizadas. Ao contrário de Obstfeld e Rogoff, não há troca entre risco e estabilização interna, porque a taxa de câmbio é incapaz de alterar os preços relativos que os agentes económicos enfrentam.[21] Assim, o bem-estar pode ser maximizado quando a taxa de câmbio nominal é fixa.

Corsetti e Pesenti criaram um modelo com dois países, em que os produtores vendem bens nacionais nos mercados interno e externo e podem potencialmente praticar a discriminação de preços além-fronteiras.[22] Em particular, o nível de cruzamento da taxa de câmbio em direção aos preços de exportação é indexado com um parâmetro B, de modo que quando é zero, o LCP corresponde ao preço da moeda local, e o parâmetro B é igual a um no preço da moeda do produtor (PCP). Os mercados são incompletos, mas o equilíbrio do modelo implica que o consumo nominal é sempre igual ao rendimento nacional nominal (pelo que a balança corrente é sempre zero). Quando B é um, o modelo é isomorfo à versão dinâmica de Obstfeld e Rogoff (sem qualquer bem que possa ser trocado), pelo que a política monetária óptima implica a repetição do equilíbrio de preços flexíveis.[23]

Economic Literature, 35, 1997, pp. 1243-1272.

[18] Devereux, Michael B., e Charles Engel, "Monetary Policy in the Open Economy Revisited: Price Setting and Exchange Rate Flexibility," NBER Working Paper No. 7665, National Bureau of Economic Research, 2000.

[19] Devereux, Michael B., e Charles Engel, "Endogenous Currency of Price Setting in a Dynamic Open Economy Model," NBER Working Paper No. 8559, National Bureau of Economic Research, 2001.

[20] Engel, Charles, "The Responsiveness of Consumer Prices to Exchange Rates and the Implications for Exchange-Rate Policy: A Survey of a Few Recent New Open-Economy Macro Models", NBER Working Paper No. 8725, National Bureau of Economic Research, 2002.

[21] Obstfeld, Maurice, e Kenneth Rogoff, "Global Implications of Self-Oriented National Monetary Rules", *Quarterly Journal of Economics*, 117, 2002, pp. 503-535.

[22] Corsetti, Giancarlo, e Paolo Pesenti, "International Dimensions of Optimal Monetary Policy", mimeo, Universidade de Roma III e Federal Reserve Bank of New York, 2001.

[23] Obstfeld, Maurice, e Kenneth Rogoff, "Global Implications of Self-Oriented National Monetary Rules", *Quarterly Journal of Economics*, 117, 2002, pp. 503-535.

Quando o parâmetro é zero, o equilíbrio do preço flexível não pode ser mantido e o bem-estar nacional é maximizado quando o rendimento dos exportadores é estabilizado na sua própria moeda. Neste caso, é preferível uma taxa de câmbio fixa. Quando há uma situação em que o parâmetro é maior que zero e menor que um, há uma troca comercial entre a estabilização do rendimento nacional e a obtenção do equilíbrio dos preços flexíveis, de modo que os movimentos da taxa de câmbio são silenciados, reduzidos, mas não parados. Aqui, como um caso incompleto para os mercados de Obstfeld e Rogoff, pode haver espaço para a cooperação monetária internacional na seleção das regras de política monetária, embora a importância quantitativa seja pequena.

Capítulo 5

5. Preço na moeda local, taxa de câmbio e IPC

Na extensão do modelo de Corsetti e Pesenti, e à luz da natureza da zona monetária óptima, em 2001, permitem aos fabricantes escolher a variação percentual do parâmetro B, bem como maximizar a utilidade esperada. De acordo com as regras monetárias nacionais que a afetação de preços flexíveis e introduzindo assim a flexibilidade da taxa de câmbio, é ótimo que as empresas pratiquem o PCP ou a fixação de preços na moeda do produtor, uma escolha que confirma o regime monetário nacional independente como ótimo. Se as empresas praticarem o PCL (fixação de preços na moeda local), as autoridades encontrarão a taxa de câmbio fixa óptima. Nestas condições, as empresas seriam indiferentes à escolha do parâmetro B. Verifica-se que os resultados nacionais estão mais correlacionados num regime cambial fixo, como se espera ao comparar a base da zona monetária óptima com a do sistema cambial flutuante, mas o bem-estar de todos os países é efetivamente mais elevado com taxas de câmbio flutuantes. Assim, os fornecedores de preços modificarão as suas estratégias se as autoridades abandonarem a taxa de câmbio fixa em favor de uma flutuação óptima. A análise de Corsetti e Pesenti implica que não será compensador para a autoridade monetária desviar-se unilateralmente do regime de câmbio fixo (dando aos países parceiros a possibilidade de continuarem vinculados).[24] Numa situação de equilíbrio em que a política governamental coopera na seleção do regime, os países caminharão para uma taxa de câmbio flutuante. Simplesmente não é plausível que os fornecedores de preços ameacem manter os PLC ou os preços em moeda local se a taxa de câmbio puder flutuar.

Se o decisor político levar a sério o modelo LCP acima descrito, pode concluir-se que é a favor de um regime de taxa de câmbio fixa. Estes modelos falham pelo menos dois momentos críticos da realidade:

1. Os preços de importação pagos no momento da entrada no país apresentam um comportamento muito diferente dos preços do IPC dos bens importados. Assim, as leis que se referem à taxa de câmbio real do IPC podem ter pouco efeito sobre o comportamento dos preços de importação.

2. Podem ser as empresas, e não os consumidores, cujas decisões são centrais para as taxas de transferência de custos da taxa de câmbio. Nesse caso, os preços de importação no ponto de entrada afectarão as decisões económicas. Especialmente quando as empresas têm operações multinacionais, o custo relativo crítico da transferência de custos será a taxa de câmbio real medida em relação ao custo por unidade nominal relativa de trabalho.

Relativamente aos preços no comércio internacional e aos modelos acima referidos, o pressuposto exato dos modelos LCP é que quando a transmissão de curto prazo das taxas de câmbio para os preços zero é zero, ajuda a racionalizar o comportamento observado da taxa de câmbio real do IPC. Mas os preços das fases anteriores de validade comportam-se de forma bastante diferente dos preços do IPC. A maioria dos estudos sobre preços de importação ou exportação mostra uma transição significativa ao longo de um ano. Quando as importações chegam aos consumidores, incorporam a negociação de factores de produção intangíveis e podem passar por um comércio concorrente imperfeito numa pequena rede, de modo que a ligação entre os consumidores e os preços originais é ainda mais enfraquecida. Corsetti e Dedola apresentam um modelo formal entre estas linhas, embora assumam que o comércio retalhista é competitivo.[25]

---

[24] Corsetti, Giancarlo, e Paolo Pesenti, "International Dimensions of Optimal Monetary Policy", mimeo, Universidade de Roma III e Federal Reserve Bank of New York, 2001.

[25] Corsetti, Giancarlo, e Luca Dedola, "Macroeconomics of International Price Discrimination", mimeo, Universidade de Roma III e Banco de Itália, 2002.

A evidência direta da moeda no comércio parece contradizer o pressuposto de preços de importação do PCA. Para a maioria dos países, os EUA são a exceção e, muito provavelmente, a Zona Euro, as importações são mais facturadas em moeda estrangeira. Há uma certa tendência, embora seja mais fraca ao longo do tempo, ou seja, a exportação é facturada na moeda do exportador. No caso dos Estados Unidos, 81% das importações e 92% das exportações foram facturadas na moeda nacional, ou seja, o dólar, em 1995. No entanto, as considerações relativas à faturação constituem apenas um pequeno segmento, uma vez que a adesão dos preços de importação e de exportação, facturados, pode diferir dos preços de retalho. Em geral, os preços de importação, medidos na moeda do país de origem, estarão estreitamente relacionados com os salários nominais no ponto de produção, que são ajustados muito lentamente. Por outro lado, os preços de importação serão razoavelmente reactivos à taxa de câmbio, embora muitas vezes não ao ponto de mostrarem uma transição completa a curto prazo. Assim, a depreciação da moeda tenderá a exacerbar as condições comerciais do país depreciado, reduzindo o seu salário relativo. As evidências sugerem como esta tendência se manifesta efetivamente nos dados em que os modelos LCP acima referidos não implicam que a depreciação da moeda exacerbe os termos de troca.[26] Uma vez que os salários se movem mais lentamente do que os preços no comércio internacional, a transição para os preços de importação também deve ser mais rápida do que a mudança para o IPC geral, o que implica que a depreciação nominal causa uma depreciação real.

---

[26] Obstfeld, Maurice, e Kenneth Rogoff, "New Directions for Stochastic Open Economy Models", *Journal of International Economics*, 50, 2000, pp. 117-153.

Capítulo 6

6. O impacto das flutuações das taxas de câmbio e dos preços reais na procura interna e externa de bens

Mesmo que a taxa de câmbio não afecte os preços relativos que os consumidores enfrentam, a resposta é positiva (dada pelas respostas das empresas). Uma evolução indica que a reação da empresa é importante, bem como a importância crescente da externalização internacional e do comércio de produtos intermédios. Feenstra[27] e Hummels *et al.*[28] documentam esta tendência. Obstfeld desenvolve um modelo em que os retalhistas podem transferir entre factores de produção importados e nacionais, dependendo os seus preços relativos dos níveis relativos dos salários no país e no estrangeiro.[29]

Os retalhistas ajustam os preços dos bens de consumo final em termos da moeda nacional e é demasiado dispendioso para os consumidores arbitrarem entre mercados nacionais. Neste contexto, os movimentos da taxa de câmbio têm importantes efeitos de transmissão de custos e a política monetária óptima visa a afetação de salários e preços flexíveis. Embora este modelo inclua uma correlação empírica elevada entre a taxa de câmbio nominal e a taxa de câmbio real do IPC, a rigidez dos preços do bem final é irrelevante para a afetação realizada, pelo que a instabilidade cambial do índice de preços real é irrelevante. Na sua forma mais forte, este resultado deve-se a hipóteses especiais (por exemplo, o consumo total é inseparável, a parcialidade interna completa e um preço para os bens intermédios transaccionáveis). O canal estreitamente ligado decorre das decisões originais da empresa. Mais intensamente após o período do pós-guerra, as grandes empresas estabeleceram mitigações de produção em todo o mundo.

6.1. O impacto da diversificação

Dada a rigidez dos salários nominais, a depreciação da moeda reduzirá os custos relativos do país depreciado e tornará relativamente atractiva a deslocação da produção para esse país. O comércio intra-empresa é uma parte importante do comércio internacional total. Rangan e Lawrence mostram que, em 1994, mais de 35% das exportações e cerca de 43% das importações dos Estados Unidos foram realizadas através de transacções intra-empresas nos Estados Unidos.[30] Como é que estas circunstâncias afectam a reação da taxa de câmbio? Alguns argumentam que as transacções intra-empresas podem não reagir aos incentivos económicos normais.

Uma motivação importante para este tipo de ação é a diversificação.

O argumento do país refere-se à presença de facilitadores de produção em diferentes países, que podem melhorar o fluxo internacional de informação na empresa, permitindo-lhe responder rápida e sensatamente às mudanças nos preços internacionais

deslocação das actividades através das fronteiras. Rauch e Trindade desenvolveram um modelo formal em que a melhoria da rede de informação aumenta a resistência do comércio.[31] Rangan e Lawrence apresentam dados que demonstram que o comércio intra-comercial reage fortemente às alterações da taxa de câmbio. Assim, a transição limitada das alterações da taxa de câmbio para os preços de importação no consumidor mostra a conclusão de que o regime político ótimo deve restringir fortemente os movimentos da taxa de câmbio.

Dois factores (pelo menos) podem modificar lentamente as conclusões dos modelos macroeconómicos mais simples baseados nos preços em moeda local. Um é o canal das transacções, que liga os preços de importação no ponto de entrada ao preço final que os consumidores pagam. O outro é o papel importante da tomada de decisão original da empresa num mundo de produção globalizado.

---

[27] Feenstra, Robert C., "Integration of Trade and Disintegration of Production in the Global Economy", *Journal of Economic Perspectives*, 12, 1998, pp. 31-50.

[28] Hummels, David, Jun Ishii e Kei-Mu Yi, "The Nature and Growth of Vertical Specialization in World Trade", *Journal of International Economics*, 54, 2000, pp. 75-96.

[29] Obstfeld, Maurice, "International Macroeconomics: Beyond the Mundell-Fleming Model", *IMF Staff Papers*, 47, Número Especial, 2001, pp. 1-39.

[30] Rangan, Subramanian e Robert Z. Lawrence, *A Prism on Globalization: Corporate Responses to the Dollar*, Washington, D.C.: Brookings Institution, 1999.

[31] Rauch, James E., e Vitor Trindade, "Information, International Substitutability, and Globalization", mimeo, Universidade da Califórnia, San Diego, e Universidade de Syracuse, 2002.

Capítulo 7

7. Elasticidade dos preços em termos de taxa de câmbio

A análise dos preços e das taxas de câmbio pode ser iniciada com a introdução de um modelo de preços rígidos nas taxas de câmbio com produtores heterogéneos e margens endógenas. O modelo mostra como baixos níveis de transmissão cambial para a empresa e níveis agregados de preços de importação coexistem com grandes movimentos nos fluxos comerciais. Após um choque cambial e monetário, os preços agregados das importações estão sujeitos a uma mudança de composição devido às alterações nas grandes margens comerciais (o número de bens transaccionados entre países). A nível das empresas, cada produtor ajusta as suas margens em função da sua produtividade e do nível do ambiente concorrencial gerado pelos movimentos das taxas de câmbio. As reacções dos preços a nível da empresa são assimetricamente diferentes para a apreciação e a depreciação, bem como para os ajustamentos na margem comercial inventiva (exportação a nível da empresa) são significativas. No equilíbrio geral, o modelo mostra que a deslocalização da empresa aumenta a persistência dos choques exógenos.

Os estudos mostram que a taxa de câmbio e os preços estão desligados nos países desenvolvidos. Assim, os estudos relativos aos países industrializados mostram consistentemente uma transição pequena e lenta das variações da taxa de câmbio nominal para os preços de importação no consumidor.[32] A relação entre a taxa de câmbio e o preço é definida como a elasticidade do preço em relação à taxa de câmbio. Significa uma troca total (ou completa) da taxa de câmbio. Esta regularidade empírica é geralmente interpretada como implicando que o efeito da taxa de câmbio nominal sobre a quantidade de trocas comerciais entre países, o chamado efeito cambial da taxa de câmbio, é negligenciável: se os movimentos da taxa de câmbio não afectam os preços, então não há alteração na procura e a quantidade de trocas comerciais entre países não se altera. Esta interpretação constitui o principal suporte da hipótese de pré-requisito zero e de ausência de transmissão de custos, frequentemente utilizada na macroeconomia de uma economia aberta, com fortes implicações para a análise do bem-estar e da política monetária óptima.[33]

Um modelo desenvolvido por Dornbusch considera um equilíbrio parcial, colocando salários fixos, e explora a forma como o ambiente competitivo afecta a maneira como as empresas ajustam os preços após um movimento exógeno da taxa de câmbio.[34] O ambiente competitivo é monitorizado por numerosos concorrentes nacionais e estrangeiros e de acordo com o grau de substituição da produção. O estudo mostra que a reação dos preços aos choques cambiais depende da forma como as margens das empresas são ajustadas. Dornbusch observa também que os movimentos da taxa de câmbio afectam a dinâmica de entrada e saída da empresa e sugere uma reflexão sobre a forma como as decisões de preços são afectadas pelas oportunidades de entrada e relacionais a nível internacional.

Seguindo esta sugestão, foi desenvolvido um modelo de transmissão da taxa de câmbio com margens endógenas, que permite a entrada e reafectação endógena das empresas. As empresas vendem tanto no mercado interno como no externo. Com base numa margem zero e em condições de livre entrada, o modelo dá uma solução para excluir o nível de produção para venda nos mercados interno e de exportação. Os movimentos da taxa de câmbio afectam a margem comercial extensiva, o número de bens transaccionados entre países, através da alteração da exclusão do nível de produção.

[32] Engel, C. (2002): "Expenditure Switching and Exchange-Rate Policy", NBER Macroeconomics Annual, 17, 231-272

[33] Devereux, M. B., e C. Engel (2003): "Monetary Policy in the Open Economy Revisited: Price Setting and Exchange-Rate Flexibility", Review of Economic Studies, 70(4), 765-783.

[34] Dornbusch, R. (1987): "Exchange Rates and Prices", American Economic Review, 77(1), 93-106.

6.2. Qual é a relação entre a margem comercial e a transmissão da taxa de câmbio?

Verifica-se que a elevada margem de comércio pode gerar uma divisão entre a taxa de câmbio e os preços agregados das importações. O modelo de Melitz com dois países (A e B), custos de exportação fixos, consumidores com elasticidade constante das preferências de substituição sobre bens diferenciados é revisto.[35] As empresas são heterogéneas em termos da sua produção, pelo que as empresas com maior produção têm custos marginais mais baixos e fixam preços mais baixos. Com a elasticidade constante das preferências de substituição, as margens são exógenas, o que significa uma transição completa da taxa de câmbio para os preços de importação ao nível da empresa. Seja o preço agregado das importações no país A dado com um preço médio do total das importações do país B. Se a moeda do país A se desvalorizar, os exportadores do país B tornam-se imediatamente menos competitivos no país A. Com empresas heterogéneas, a empresa exportadora menos produtiva (preço mais elevado) do país B abandonará o país A. Se a perda for suficientemente elevada, o novo preço agregado das importações no país A, calculado utilizando apenas as empresas sobreviventes do país B, pode mesmo cair (cruzamento negativo para o preço agregado das importações).

Por conseguinte, neste modelo, com uma transição completa a nível da empresa, os preços agregados das importações estão sujeitos a um impacto relacionado com a sobrevivência. Os preços agregados das importações não respondem efetivamente ao efeito de transmissão de custos da taxa de câmbio, que é elevado devido à diminuição do número de exportadores de B (margem extensiva) e à diminuição das exportações para os sobreviventes (margem intensa). Além disso, as margens endógenas também têm uma desconexão entre a taxa de câmbio e os preços de importação ao nível da empresa. O sistema de procura de margem endógena constitui o núcleo da concorrência monopolista.[36] Neste sistema de procura, as margens crescem com a produtividade da empresa.

No modelo de dois países, os movimentos das taxas de câmbio geram uma reafectação internacional das empresas, uma vez que estas são heterogéneas em relação aos seus níveis de produção.[37] Uma empresa que produz um produto conhece a sua produtividade relativa apenas após a entrada. O comércio de trocas do seu próprio bem nos mercados interno e de exportação é determinado endogenamente. Pelo menos as empresas produtoras não vendem em nenhum mercado, algumas delas vendem apenas no mercado interno, e as mais produtivas mostram grande efeito, refletindo a mudança no ambiente competitivo gerado pelos movimentos da taxa de câmbio. Além disso, a direção do movimento da taxa de câmbio é também importante para os efeitos que podem surgir devido à especificidade da empresa e aos efeitos económicos.

Em particular, a conversão da taxa de câmbio para o nível dos preços de importação da empresa é mais elevada para a apreciação do que para a depreciação da moeda do importador. Apresentamos aqui duas versões do modelo. Em primeiro lugar, apresenta um equilíbrio parcial que permite identificar os principais mecanismos de transmissão do choque da taxa de câmbio. Dornbusch assume que os movimentos da taxa de câmbio são exógenos e que os salários são fixos. São permitidas a entrada e a saída de empresas.[38] Além disso, é introduzida uma versão do equilíbrio geral do modelo, seguindo o modelo macroeconómico tradição de uma economia aberta. Neste caso, o modelo é estocástico e os salários nominais

---

[35] Melitz, M. J. (2003): "The Impact of Trade on Intra-Industry Reallocations and Aggregate Industry Productivity", Econometrica, 71(6), 1695-1725.
[36] Bergin, P. R., e R. C. Feenstra (2000): "Staggered Price Setting, Translog Preferences, and Endogenous Persistence", Journal of Monetary Economics, 45(3), 657-680.
[37] Melitz, M. J. (2003): "The Impact of Trade on Intra-Industry Reallocations and Aggregate Industry Productivity", Econometrica, 71(6), 1695-1725.
[38] Dornbusch, R. (1990): "Exchange Rates and Prices", American Economic Review, 80(1), 93-106.

são rígidos. A rigidez nominal é a única fonte do modelo de ausência de neutralidade monetária. Neste caso, a taxa de câmbio reage endogenamente ao choque monetário. Uma forte previsão do modelo, em ambas as versões, é que a transição da taxa de câmbio para o preço agregado das importações é negativa no momento dos movimentos da taxa de câmbio (por exemplo, a depreciação da moeda dos importadores reduz o preço agregado das importações). Este resultado é uma consequência dos efeitos das alterações na margem comercial extensiva, e mantém-se mesmo que a flutuação da taxa de câmbio para o nível médio da empresa seja positiva. A regularidade empírica é uma transmissão pequena mas positiva da taxa de câmbio para os preços agregados das importações.

Para além da contribuição teórica para as margens endógenas e a transmissão de Dornbusch e Krugman, a reação das margens às flutuações cambiais tem um forte apoio empírico.

Goldberg e Knetter exploram a evolução dos estudos empíricos sobre as taxas de câmbio e os preços em meados da década de 1990 e apresentam provas a favor dos modelos preço-mercado. Concluem que as alterações das margens específicas do destino são um fator muito importante na ausência de uma resposta dos preços às alterações das taxas de câmbio.[39] Uma contribuição fundamental para os modelos comerciais com empresas heterogéneas é a identificação da margem comercial extensiva como um canal fundamental para a adaptação internacional. Os modelos comerciais tradicionais para a concorrência monopolista, no espírito de Krugman, são assumidos por empresas homogéneas que produzem bens diferenciados. Nestes modelos, as alterações na margem comercial alargada ocorrem apenas quando a economia passa de uma situação de não comércio para uma situação de abertura comercial. Quando uma empresa começa a negociar com outro país, o número de bens transaccionados permanece constante e os futuros ajustamentos no volume de comércio (por exemplo, devido a um aumento dos custos comerciais) ocorrem através de uma margem intensa.[40]

Há também fortes indícios da rigidez dos salários nominais em muitos países. São apresentados factos estilizados sobre a rigidez dos salários e verifica-se um grau particularmente elevado de baixa rigidez dos salários. Quanto aos efeitos macroeconómicos da rigidez dos salários, Obstfeld e Rogoff referem a posição de longo prazo da macroeconomia, ou seja, a rigidez dos salários nominais é a fonte central da ausência de neutralidade monetária na economia.[41] A versão de equilíbrio geral incorpora também geradores heterogéneos e representa um modelo monetário com rigidez dos salários nominais, mas com preços flexíveis e margens endógenas, onde representam um modelo realista com salários e preços flexíveis e margens exógenas.

---

[39] Goldberg, P. K., e M. M. Knetter (2000): "Goods Prices and Exchange Rates: What Have We Learned?", Journal of Economic Literature, 35(3), 1243-1272.

[40] Krugman, P. (1980): "Scale Economies, Product Differentiation, and the Pattern of Trade", American Economic Review, 70(5), 950-959.

[41] Obstfeld, M., e K. Rogoff (1996): Foundations of International Macroeconomics. MIT Press, Cambridge, MA.

Capítulo 8

8. O modelo de equilíbrio parcial da taxa de câmbio, dos preços e das margens

No que se refere ao modelo de taxas de câmbio parciais, são utilizadas empresas heterogéneas e margens endógenas. Este modelo é seguido de perto pelos modelos de Melitz e Ottaviano, que estudam as implicações de diferentes dimensões de mercado e políticas de integração no comércio, utilizando um quadro de empresas heterogéneas e margens endógenas.[42] Melitz e Ottaviano recebem margens endógenas utilizando uma função útil quase linear-quadrada que é muito compreensível para o modelo de equilíbrio parcial, mas é difícil de trabalhar num equilíbrio geral. O modelo do autor concreto (preços do trabalho e taxa de câmbio) fala de um sistema exigente com margens endógenas a partir da função de custo introduzida por Bergin e Feenstra.[43]

Existem dois países, um nacional e um estrangeiro, e cada um deles é habitado pela continuidade de famílias num intervalo [0; 1]. Cada família fornece mão de obra para o sector transformador da economia, que produz bens diferenciados. As empresas são heterogéneas na produção. Cada empresa produz um bem em regime de concorrência monopolista e as transacções de bens (no mercado interno e nos mercados de exportação) são determinadas endogenamente. Este é o modelo de equilíbrio parcial na aceção de Dornbusch: os salários nominais são fixos e os movimentos na taxa de câmbio são exógenos.[44] Assim, o choque cambial altera o custo relativo da mão de obra entre os países, tornando as empresas do país de moeda depreciada mais competitivas noutro mercado (e o contrário acontece com as empresas do país de moeda estrangeira apreciada).

Além disso, de acordo com Pareto, a distribuição das empresas e a ausência de custos fixos, a equivalência dos preços médios dos bens nacionais e importados decorre dos preços comuns "sem costura" enfrentados pelas empresas que competem no mesmo mercado. Qualquer choque que aumente o papel das empresas nacionais, excluindo as empresas nacionais, provoca uma diminuição idêntica dos preços médios das variedades nacionais e importadas. Em conclusão, em termos de decisões de produção e de dinâmica das entradas e saídas, o produtor venderá no mercado num dado momento se e só se a sua produção não for inferior ao correspondente nível de exclusão nesse momento. Se o produtor não vender num período, há uma ineficácia até ser afetado por um choque negativo e abandonar a produção, ou até que um ou ambos os níveis de exclusão caiam para ou abaixo desse nível de produção do produtor.

[42] Melitz, M. J., e G. I. P. Ottaviano (2008): "Market Size, Trade, and Productivity", Review of Economic Studies, 75(1), 295-316.
[43] Bergin, P. R., e R. C. Feenstra (2000): "Staggered Price Setting, Translog Preferences, and Endogenous Persistence", Journal of Monetary Economics, 45(3), 657-680.
[44] Dornbusch, R. (1987): "Exchange Rates and Prices", American Economic Review, 77(1), 93-106.

Capítulo 9

9. Análise da transmissão da taxa de câmbio em equilíbrio parcial

9.1. Análise da transmissão dos movimentos da taxa de câmbio aos preços e aos fluxos comerciais

Para entender como a variação da taxa de câmbio reage aos preços, é necessário primeiro analisar o seu impacto nos níveis de exclusão. Em primeiro lugar, o foco é o impacto dos movimentos da taxa de câmbio sobre o nível de exclusão da produção para as empresas nacionais que vendem no mercado interno. Analogamente, verifica-se que a exclusão para as empresas nacionais que vendem no mercado interno é uma redução da taxa de câmbio. Ao depreciar a moeda nacional, ou seja, ao aumentar a taxa de câmbio e os salários fixos, as empresas nacionais tornam-se mais competitivas no mercado externo porque o preço relativo da mão de obra nacional efectiva está a diminuir. Novas oportunidades de lucro no estrangeiro aumentam a entrada de produtores nacionais até ao ponto em que o requisito nacional de livre entrada é satisfeito.

Entretanto, a entrada diminui para o estrangeiro porque as oportunidades de lucros de exportação estão a diminuir. No novo estado, antes da entrada, os lucros de exportação esperados estão a aumentar para os produtores nacionais e a diminuir para os produtores estrangeiros. Por conseguinte, para satisfazer o requisito de livre entrada, antes da entrada os lucros esperados das vendas no mercado interno diminuem para os produtores nacionais e aumentam para os produtores estrangeiros. Assim, o aumento da entrada no país aumenta a maioria das empresas nacionais e a diminuição da entrada no estrangeiro reduz a maioria das empresas estrangeiras. Em cada mercado existem dois efeitos opostos no grau de competitividade. Nomeadamente, o maior número de empresas nacionais aumenta a concorrência das empresas nacionais e o menor número de empresas estrangeiras reduz a competitividade das empresas estrangeiras. Se os custos do comércio forem suficientemente elevados, o aumento da competitividade durante o período de maior número de empresas nacionais domina o mercado interno e a redução da competitividade devido ao menor número de empresas estrangeiras domina o mercado externo. Dada a relação diretamente proporcional entre as regras de exclusão da produtividade e os níveis médios de produção, verifica-se que a produtividade média das empresas nacionais que vendem no país é crescente após a desvalorização da moeda nacional. O inverso ocorre para as empresas estrangeiras que vendem no seu próprio mercado. Portanto, a produtividade média dos exportadores estrangeiros está a aumentar e a produtividade média dos exportadores nacionais está a diminuir. Assim, as empresas nacionais que não exportavam tornaram-se internacionalmente competitivas devido a alterações na taxa de câmbio, à deslocalização de empresas no país estrangeiro.

Existe também um cruzamento assimétrico da taxa de câmbio que, devido à diferente reação das margens, é semelhante à ideia de passagem assimétrica explicada por Froot e Klemperer[45] e Marston[46] . Estes autores sugerem um comportamento assimétrico de uma taxa de conversão motivado por considerações de quota de mercado. Ou seja, quando os exportadores enfrentam uma depreciação da moeda do importador, desejam absorver um choque importante nos seus lucros, a fim de evitar uma redução significativa da sua quota de mercado. Por outro lado, em caso de apreciação, os exportadores baixam os seus preços mais rapidamente, a fim de obterem uma maior quota de mercado. Embora a transição da taxa de câmbio para os preços de importação não seja completa, a influência da taxa de câmbio sobre a quantidade

---

[45] Froot, K. A., e P. D. Klemperer (1997): "Exchange Rate Pass-Through When Market Share Matters", American Economic Review, 95(4), 637-654.

[46] Marston, R. C. (1990): "Pricing to Market in Japanese Manufacturing", Journal of International Economics, 29(3), 217-236.

transaccionada ao nível da empresa é significativa e ocorre tanto na margem extensiva como na margem intensa. Por exemplo, supondo uma desvalorização da moeda no país de origem, de modo a que as regras de exclusão dos exportadores nacionais diminuam e a regra de exclusão das exportações estrangeiras aumente. Existem dois canais de influência na margem extensível.

As empresas do país de origem entre as novas e as antigas regras de exclusão tornam-se exportadoras, e as empresas do país estrangeiro entre as antigas e as novas regras de exclusão deixam de exportar; e a segunda situação - há também um aumento dos exportadores do país de origem devido ao aumento da entrada de novas empresas (expandindo o conjunto de empresas no país de origem), e uma redução dos exportadores do país estrangeiro devido à redução da entrada (que reduz o conjunto de empresas do país estrangeiro). Numa margem intensa, os verdadeiros exportadores nacionais estão a aumentar as suas exportações e os exportadores estrangeiros sobreviventes estão a reduzi-las. O oposto ocorre quando a moeda do país de origem é apreciada. Outra atitude que tem sido levantada sobre o impacto cambial no nível dos fluxos comerciais da empresa, para uma empresa estrangeira com produtividade, é quando surgem duas situações - uma quantidade de exportação que está a diminuir e é elástica em relação à taxa de câmbio. A quantidade exportada diminui mais de 1% após a desvalorização da moeda do país em 1%. O valor da sua exportação em termos da moeda do país de origem está a diminuir à taxa de câmbio. Na margem intensa, as quantidades são sempre ajustadas na direção esperada após os movimentos da taxa de câmbio. Além disso, o ajustamento é maior do que a variação da taxa de câmbio e ocorre na presença de uma taxa de câmbio incompleta. De facto, os exportadores menos produtivos do país estrangeiro não só têm um menor cruzamento da taxa de câmbio (absorvendo mais do que o choque da taxa de câmbio nas suas margens), como precisam de ajustar mais os seus volumes. Isto mostra que o valor das exportações em termos da moeda do importador (a moeda do país de origem) é menos flexível para as empresas mais produtivas.

A conversão da taxa de câmbio para o preço agregado das importações refere-se à transição para a variação da taxa de câmbio para o preço médio das importações, ou seja, uma transição que é sempre negativa, incluindo uma diminuição do preço médio das importações devido à depreciação da moeda do país de origem e um aumento devido à apreciação.

Pode notar-se que a transmissão média da taxa de câmbio para os preços de importação da empresa é negativa apenas para um nível elevado da taxa de câmbio, e a transmissão para o preço de importação agregado é sempre negativa. Este resultado deve-se às alterações na margem comercial extensiva que são absorvidas na agregação. Por exemplo, no caso de uma desvalorização da moeda nacional, as empresas estrangeiras abandonam o mercado do país que tomámos como país de origem, uma vez que se tornam menos competitivas. Os exportadores estrangeiros sobreviventes, que são de facto os mais produtivos e têm preços mais baixos antes do choque cambial, têm de ajustar as suas margens para baixo devido ao aumento da competitividade dos participantes do país de origem. O novo preço médio de importação é então calculado tendo em conta apenas os sobreviventes. No final, os preços médios de importação reactivam o efeito da competitividade económica mais ampla, resultando num preço médio mais baixo quando a competitividade aumenta e num preço mais elevado quando a competitividade diminui.

Do ponto de vista da influência da taxa de câmbio sobre os fluxos comerciais agregados, a quantidade e o valor das exportações nacionais estão a crescer à taxa de câmbio, e a quantidade e o valor das exportações estrangeiras estão a diminuir à taxa de câmbio. A elasticidade da taxa de câmbio, tanto para as quantidades como para os valores (em termos da moeda de importação), é em valor absoluto. Por conseguinte, este modelo prevê efeitos de transmissão de custos grandes e inequívocos dos movimentos da taxa de câmbio. Os fluxos comerciais estão a evoluir na direção esperada. Isto significa que o país com uma moeda em desvalorização aumenta as suas exportações e o contrário acontece no país com uma moeda em valorização, ou seja, reduz as suas exportações. Ou seja, reduz as suas exportações. As afirmações expressas são uma história de grandes efeitos de transmissão de custos dos movimentos da taxa de câmbio das duas margens comerciais, na presença de uma passagem incompleta da trajetória para o nível dos preços de importação da empresa e da transição negativa da trajetória para os preços de importação agregados. Isto sugere que, num contexto de heterogeneidade das empresas, de reafectação das empresas e de margens endógenas, os estudos sobre o nível de cruzamento da taxa de câmbio não devem ser utilizados para tirar conclusões sobre as taxas efectivas de transmissão dos custos da taxa de câmbio. Os preços agregados das importações estão sujeitos a enviesamentos devido a alterações de composição na margem extensiva do comércio. Como consequência, os preços agregados podem ser drasticamente diferentes da transição do curso para o nível médio da empresa.

Capítulo 10

10. Análise da transmissão da taxa de câmbio em equilíbrio geral

No sentido da elaboração da transmissão da taxa de câmbio no equilíbrio geral, parte-se do facto de o preço médio dos bens nacionais vendidos no país de origem ser igual ao preço médio das importações no país de origem.

Da mesma forma, o índice do preço das importações no país de origem num determinado momento é equivalente ao índice geral de preços. Pode concluir-se que o preço agregado das importações cai no país de origem e aumenta no estrangeiro numa altura de súbita depreciação da moeda nacional gerada pela expansão monetária no país de origem. Assim, tal como no caso do saldo parcial, obtém-se uma transmissão negativa da trajetória para o preço da importação total das variações cambiais. Ao mesmo tempo, a expansão monetária tem efeitos de transferência de custos grandes e permanentes: o país com uma moeda depreciada tem um excedente da balança comercial que dura vários períodos.

As alterações da margem intensa são elevadas. Numa altura de choque, a quantidade e o valor das exportações do exportador médio nacional aumentam mais de 1,5%. Entretanto, a quantidade e o valor das exportações do exportador estrangeiro médio diminuíram 3% e 3,5%, respetivamente. Numa transição, à medida que os níveis de exclusão são ajustados, para que o país estrangeiro possa fazer um excedente comercial a fim de pagar a sua dívida externa, a quantidade de exportações do exportador estrangeiro médio ultrapassa o nível estável (e abaixo do nível estável para o exportador nacional médio) e converge lentamente para trás. O valor das exportações responde a variações nas quantidades e move-se lentamente para os níveis nominais correspondentes de um estado estável. Em conclusão, a expansão monetária interna gera uma depreciação da moeda nacional e grandes efeitos de transferência de despesa. Os preços a nível agregado e a nível das empresas estão desligados da taxa de câmbio.

Considera-se que os estudos sobre a transição da taxa de câmbio são provavelmente os temas empíricos mais populares na macroeconomia internacional. Frequentemente, o resultado da transição de curso é utilizado para chegar a uma conclusão sobre o efeito de transferência de despesas da taxa de câmbio. A relação entre a passagem e os fluxos comerciais só é válida se a influência da taxa de câmbio no lado da oferta for negligenciável. Os movimentos da taxa de câmbio afectam negativamente as condições de concorrência internacional e alteram os preços das empresas e as decisões de produção. Os resultados obtidos são coerentes com níveis baixos (mesmo negativos) das taxas de câmbio para o nível agregado dos preços de importação e o mesmo a nível das empresas e com efeitos significativos de transmissão de custos.

O nível agregado mostra que os preços de importação agregados estão sujeitos a um enviesamento de composição devido a alterações na margem comercial extensiva. A nível das empresas, cada fabricante fixa as suas margens em cada mercado, tendo em conta a sua própria produtividade e as condições de concorrência no mercado. Na sequência de um choque cambial, cada empresa está sujeita a dois efeitos diferentes, mas que se reforçam: um efeito específico para a empresa, associado à produtividade pessoal (da empresa); e um efeito de contágio económico, que é o mesmo para todas as empresas que concorrem no mesmo mercado. A magnitude destes efeitos depende da direção da variação da taxa de câmbio, gerando respostas assimétricas para os preços ao nível da empresa face à apreciação e depreciação da moeda. Mesmo com o ajustamento das margens após o choque cambial, verificam-se alterações importantes na margem de comércio intensa.

Capítulo 11

11. A elasticidade / indexação dos salários em função da taxa de câmbio

A maior parte da literatura sobre indexação salarial centra-se nas consequências da indexação salarial quando a economia é afetada por choques exógenos a um determinado regime. O principal argumento académico para a indexação dos salários continua a ser o originalmente apresentado por Gray e Fischer[47] . Nomeadamente, a indexação dos salários estabiliza o produto quando os choques são nominais e desestabiliza o produto quando os choques são reais. Na sequência de Gray[48] , o argumento padrão em apoio desta afirmação depende do pressuposto de que a indexação salarial se baseia na inflação corrente. Refere também que a indexação à inflação vencida pode alterar a sua conclusão de que a indexação salarial estabiliza o produto face a choques nominais se os choques forem transitórios, acrescentando que, se os choques nominais forem persistentes, a sua conclusão básica deve ser mantida.

Na investigação de Jadresic, os efeitos da indexação do salário para a estabilidade do produto numa economia semelhante às estudadas por Gray e Fischer[49] . Seguindo a sua análise, pode considerar-se uma economia fechada em que a taxa de câmbio não desempenha qualquer papel e centra-se principalmente num caso em que o regime político caracteriza uma oferta fixa de moeda. Para resolver o problema analiticamente, assume-se também que a indexação e o ajustamento dos contratos de salários variáveis no tempo têm uma duração de dois períodos, enquanto os contratos de rendimento fixo têm uma duração de um período igual ao período indexado. Para efeitos de comparação, os contratos de Gray são contratos que duram apenas um período, enquanto os contratos de Fisher são contratos de dois períodos no caso dos contratos não indexados e de um número indeterminado de períodos no caso dos contratos indexados.

O principal resultado derivado de Jadresic é que, na economia de Gray e Fischer, a indexação do salário da inflação tardia tende a desestabilizar o produto, independentemente de os choques serem nominais ou reais.[50] Este ponto de vista é verdadeiro mesmo quando os contratos de salários indexados são comparados com contratos de rendimento fixo de curto prazo e, com valores paramétricos credíveis, quando são comparados com contratos de salários variáveis no tempo sintonizados. Se se considerar o primeiro caso de um choque nominal, o impacto inicial desse choque é idêntico, independentemente do tipo de convenção salarial. Este resultado é crescente porque, independentemente do tipo de contrato considerado, os salários são pré-determinados num dado período.

Consequentemente, o choque positivo tende a aumentar o saldo da moeda real e do produto de forma idêntica. Devido ao pressuposto de que os preços não correspondem diretamente ao produto, a inflação não é alterada nos momentos de impacto e o produto aumenta precisamente com a magnitude dos choques. Nos períodos seguintes, os efeitos do choque nominal dependem da natureza dos contratos na economia. O ajuste mais rápido do produto ao equilíbrio ocorre quando prevalecem os contratos de renda fixa de curto prazo. Neste caso, a expansão inicial do produto dura apenas o período de impacto. Quando prevalecem os contratos salariais variáveis no tempo ajustados, metade da expansão inicial do produto persiste durante um período após o impacto. Nesse caso, a economia mantém-se em equilíbrio. No caso dos contratos indexados, 3/5 da expansão inicial do produto dura um período após o choque. Consequentemente, o produto converge para o seu equilíbrio através de um processo oscilatório que rapidamente desaparece.

---

[47] Fischer, S. 1977. "Wage Indexation and Macroeconomic Stability". *Carnegie-Rochester Conference Series on Public Policy* 5: 107-48.

[48] Gray, J. A. 1976. "Wage Indexation-A Macroeconomic Approach. "*Journal of Monetary Economics* 2(2): 221-35.

[49] Jadresic, E. 2002. "Wage Indexation and Output Stability Revisited. "*Journal of Credit, Money and Banking.*

Capítulo 12

12. Efeitos da indexação salarial, do produto e dos choques nominais

Qualquer medida razoável de volatilidade demonstra que estes resultados implicam efeitos múltiplos da indexação das ondas de resposta do produto a choques nominais - a indexação dos salários desestabiliza o produto. Qual é a intuição?

Em comparação com os contratos de rendimento fixo de curto prazo, os contratos de remuneração indexada implicam um menor retorno do produto ao seu nível de equilíbrio. Ou seja, as cláusulas indexadas não fornecem um mecanismo de compensação para o facto de que, com contratos mais longos, uma fração menor dos salários é revista em cada período. Em comparação com os contratos de salários variáveis no tempo, a razão é mais subtil. Nomeadamente, uma vez que as cláusulas indexadas transferem automaticamente parte do aumento dos salários e da inflação de um período para outro, os contribuintes respondem ao choque nominal positivo na economia antecipando que a inflação se manterá temporariamente acima da tendência nos períodos subsequentes e que o saldo da moeda real e o produto continuarão a diminuir. A antecipação do declínio do produto mede o ajustamento dos salários e da inflação durante o primeiro período após o impacto ou a adivinhação, o que, por sua vez, atrasa o ajustamento da economia e faz com que a expansão inicial do produto persista.

Se se considerar um caso de choque real, este não tem qualquer impacto no hiato do produto no momento em que afecta a economia. Dado que, num período, os salários são pré-determinados, um choque real positivo reduz proporcionalmente os preços e aumenta o saldo monetário real e o produto exatamente na mesma proporção que a magnitude do choque. Uma vez que o produto aumenta no mesmo montante, o hiato do produto mantém-se inalterado. Embora este resultado seja diferente do efeito expansivo implícito no choque nominal positivo discutido anteriormente, este resultado não depende do tipo de contratos em causa. Nos próximos períodos, o produto mantém-se equilibrado para os contratos com salários fixos de curto prazo e com salários variáveis no tempo, mas para os contratos com salários indexados, o produto desestabiliza-se.

De facto, há uma expansão no primeiro período após o choque, pelo que o produto converge gradualmente para o seu nível de equilíbrio. O boom ocorre porque a redução da taxa de inflação num período de choque é automaticamente transmitida a uma taxa de inflação inferior à tendência no período seguinte. Este efeito aumenta o saldo de moeda real e aumenta a produção, apesar de não ter ocorrido qualquer choque adicional (no modelo simples, o hiato do produto no período que se segue ao choque é 2/5 da magnitude do choque). No período seguinte, a pressão ascendente sobre os salários aumenta a inflação e faz com que o saldo da moeda real e o produto atinjam os seus níveis de equilíbrio. Por conseguinte, o produto converge para o seu equilíbrio após uma série de oscilações que desaparecem gradualmente. No contexto do modelo específico de economia fechada de Gray e Fischer, Jadresic mostra que os resultados de um salário indexado numa inflação retardada geralmente desestabilizam o produto e tendem a ser grandes para

compreender uma equação inflacionista mais geral que permita efeitos directos da produção sobre os preços, com determinados salários.[50]

Para os choques nominais, o risco é que, se este efeito for positivo e suficientemente forte, os contratos de salário indexado com inflação tardia podem estabilizar o produto em relação aos contratos de salários fixos a curto prazo. No caso de choques reais, a indexação dos salários será sempre desestabilizadora. Estas conclusões não são fortes para hipóteses alternativas

---

[50] Simonsen, M. H. 1983. "Indexação: Current Theory and the Brazilian Experience". Em *Inflation, Debt and Indexation*, editado por R. Dornbusch e M. H. Simonsen, 99-132. MIT Press.

sobre a natureza da economia. Quando se considera uma economia aberta, as conclusões são completamente inversas às anteriores.

A política monetária também pode ter efeitos significativos. Por exemplo, a análise de Jadresic mostra que, se a oferta de moeda for indexada à inflação vencida em vez de ser fixa, a variabilidade da variável produto com contratos salariais indexados é reduzida para o mesmo nível que a variabilidade do produto com contratos que especificam os salários variáveis no tempo Oferta fixa de moeda. Uma implicação deste resultado é que, se a economia for afetada apenas por choques reais, a indexação dos choques não desestabiliza o produto necessário. É claro que a falta de indexação da oferta de moeda é que essa política desestabiliza dramaticamente a inflação.

Capítulo 13

13. O impacto da indexação salarial na estabilidade do produto no caso de uma economia aberta

A análise dos efeitos da indexação salarial sobre a estabilidade do produto de uma economia fechada pode ser útil e adequada para compreender o comportamento das economias com um sector externo de pequena dimensão ou com um sector financeiro pouco integrado nos mercados financeiros internacionais, o que se refere ao crawling peg.

Para a maioria dos países atualmente, seria mais relevante discutir os efeitos da indexação salarial no contexto de uma economia aberta. Isto pode ser feito utilizando o modelo simples apresentado acima para a análise da estabilidade da taxa de câmbio.[51] A literatura sobre macroeconomia internacional demonstra um acordo significativo sobre o comportamento de uma economia aberta afetada por choques agregados com perfeita mobilidade de capital e preços nominais simples ou salários rígidos. Os princípios básicos e comuns estão contidos nos resultados de Mundell-Fleming, segundo os quais o choque monetário desestabiliza o produto quando a taxa de câmbio flutua, mas não afecta quando a taxa de câmbio é fixa, enquanto o choque na procura de bens desestabiliza mais o produto quando a taxa de câmbio é fixa do que quando flutua. De um modo mais geral, é consensual que, numa economia aberta convencional, a resposta do produto e de outras variáveis macroeconómicas a choques agregados depende do regime cambial.

O contrato mais forte é crescente no pressuposto de uma indexação total do salário, em que se assume que o caso dos salários nominais se move proporcionalmente ao nível de preços atual e o salário real é considerado fixo. Nos modelos convencionais, um salário real fixo torna o nível de produção independente das variáveis nominais. Neste caso, os resultados de Mundell-Fleming deixam de se aplicar. Os choques monetários não afectam o produto se a taxa de câmbio for flexível, enquanto os choques na procura de bens têm um impacto idêntico no produto com uma taxa de câmbio fixa e flutuante. Em geral, a indexação total do salário tornará o regime cambial totalmente irrelevante para o comportamento do produto.[52]

Quando se têm em conta os atrasos nas actuais regras de indexação, torna-se claro que a indexação do salário não tem os efeitos mencionados no

parágrafo anterior. A análise de Jadresic confirma esta hipótese. Através da implementação de simulações baseadas num modelo de economia aberta, verifica-se que, quando os atrasos na indexação corrente são revistos, a indexação dos salários no caso de inflação diferida afecta o comportamento do produto significativamente menos do que o determinado pela literatura académica anterior. Em particular, a indexação dos salários não ocorre para inverter ou modificar os resultados de Mundell-Fleming ou para imitar o comportamento do produto através do regime cambial. Em vez disso, a resposta do produto aos vários choques parece ser qualitativamente semelhante à mesma linha de magnitude, independentemente do tipo de contratos prevalecentes na economia. Os choques respondem, respetivamente, a uma redução permanente e inesperada da procura de moeda e a um aumento contínuo e inesperado da procura agregada de produção nacional. As simulações pressupõem que o regime político adequado e a estrutura da economia são bem conhecidos dos participantes.

Quando se considera o caso de um choque monetário, a resposta do produto é mostrada quando a taxa de câmbio flutua. O produto tende a expandir-se temporariamente,

---

[51] Jadresic, E. 1998. "Macroeconomic Performance under Alternative Exchange Rate Regimes: Does Wage Indexation Matter?" Documento de Trabalho 118 do FMI. Washington: Fundo Monetário Internacional.

[52] Henderson, D.W., e W. J. McKibbin. 1993. "A Comparison of Some Basic Monetary Policy Regimes for Open Economies: Implications of Different Degrees of Instrument Adjustment and Wage Persistence". *Carnegie-Rochester Conference Series on Public Policy* 39 (dezembro): 221-317.

independentemente do tipo de transacções que prevalece na economia. As causas básicas são conhecidas. Em primeiro lugar, o choque monetário reduz as taxas de juro nominais e aumenta a inflação esperada, reduzindo as taxas de juro reais esperadas. Em segundo lugar, o choque deprecia a moeda nacional, o que aumenta a competitividade da economia face aos salários e preços previamente fixados. Ambos os efeitos tendem a aumentar a procura e o produto. A indexação dos salários em caso de inflação desfasada não isola o resultado do choque monetário.[53] Este resultado explica-se em parte pelo facto de os salários indexados à inflação tardia, a depreciação da moeda nacional causada pelo choque monetário afetar os salários futuros mas não afetar os salários actuais. Devido a esta predeterminação inicial dos salários, o crescimento temporário da competitividade da economia e a redução temporária das taxas de juro reais esperadas ocorrem para além dos salários não indexados após o período de choque que podem ser diferentes e alterar significativamente o comportamento do produto, durante e após o choque.[54]

---

[53] Marston, R. C. 1982. "Wages, Relative Prices and the Choice between Fixed and Flexible Exchange Rates". *Canadian Journal of Economics* 15(1): 87-103.

[54] Milesi-Ferretti, G. M. 1994. "Wage Indexation and Time Consistency". *Journal of Money, Credit and Banking* 26(4): 941-50.

Capítulo 14

14. Indexação dos salários em termos de inflação tardia

O ajustamento da produção ao seu nível estável dura mais tempo com contratos indexados do que com contratos com salários fixos a curto prazo. Além disso, um resultado com contratos indexados não estabiliza completamente todos os contratos que foram revistos. Converge ciclicamente para o nível do estado estável. Em todos os casos, a resposta do produto total ao choque monetário é qualitativamente semelhante e os efeitos são comparáveis em termos de magnitude. Estarão os índices salariais a reduzir a sua variabilidade em caso de inflação tardia?

As simulações para valores alternativos dos parâmetros indicam uma resposta que é multifacetada e depende essencialmente das características específicas da economia. A multiplicidade está estreitamente relacionada com a dimensão da depreciação da moeda nacional devido ao choque monetário e ao seu impacto inicial nos preços e na inflação.[55] Se estes efeitos forem suficientemente grandes, as cláusulas de indexação implicam ajustamentos relativamente grandes dos salários na sequência do choque, e os contratos de indexação salarial podem contribuir para acelerar o processo de ajustamento dos salários, dos preços e da produção. Se estes efeitos forem pequenos - por exemplo, devido ao facto de o peso dos bens estrangeiros no IPC ser pequeno ou de a procura agregada ser muito sensível à taxa de juro real ou à taxa de câmbio real - então os contratos indexados podem desestabilizar o produto. Uma vez que os contratos de salários indexados têm automaticamente um efeito de retorno, parte do aumento inicial dos salários e da inflação nos períodos seguintes, tendem a reduzir as taxas de juro reais esperadas, tornando assim a expansão inicial do produto mais permanente.

Além disso, os contratos indexados tendem a gerar uma inflação cumulativa excessiva em períodos posteriores, o que aumenta as taxas de juro nominais e reais, reduz a competitividade e pode fazer com que o produto desça abaixo do seu nível estável. Ambos os efeitos contribuem para aumentar a variabilidade do produto. Quando se considera um caso de choque na procura de bens domésticos, dada a rigidez nominal introduzida pelos contratos salariais, o aumento da procura provoca um boom temporário no produto. Além disso, de acordo com os resultados de Mundell-Fleming, a magnitude deste boom é significativamente menor quando a taxa de câmbio flutua do que quando a taxa de câmbio é fixa. A razão é que a apreciação real a longo prazo exigida pela economia para ajustar o choque na procura é conseguida de forma diferente consoante o regime cambial. Com uma taxa de câmbio fixa, a apreciação real é realizada através de um aumento dos salários e da inflação nos períodos após o choque. Este processo reduz temporariamente as taxas de juro reais esperadas e a apreciação real só se realiza gradualmente. Estes efeitos contribuem para desestabilizar o produto durante o período de ajustamento.[56] Com uma taxa de câmbio flutuante, a maior parte da apreciação real necessária é obtida através da apreciação nominal durante o choque. Esta apreciação nominal ajuda a estabilizar o produto, deslocando mais rapidamente a procura para além dos bens nacionais e exercendo menos pressão sobre os salários e a inflação como meio de ajustamento que ajuda a estabilizar as taxas de juro reais esperadas.

Um dos resultados mais importantes é o facto de a ordem de grandeza da expansão da produção causada por um choque na procura não depender do facto de os salários estarem ou não indexados. Embora os tipos alternativos de considerações sobre a contratação de salários impliquem algumas diferenças no comportamento do produto durante o processo de

---

[55] Morandé, F. G. 1985. "A Note on Wage Indexation in a Model with Staggered Wage Setting". *Economics Letters* 17: 19-22.

[56] McCallum, B. T. 1999. "Issues in the Design of Monetary Policy Rules". *Handbook of Macroeconomics*, editado por J. B. Taylor e M. Woodford. Amesterdão: North-Holland

ajustamento, essas diferenças são relativamente pequenas e não alteram o facto de a taxa de câmbio flutuante atenuar grandemente a resposta do produto ao choque. O efeito relativamente pequeno da indexação salarial no comportamento da produção deve-se, mais uma vez, em parte, ao facto de, independentemente do tipo de contrato salarial prevalecente na economia, os salários serem pré-determinados no momento em que ocorre o choque.[57]

14.1. Indexação dos salários, comportamento da produção e choque da procura em casos de taxa de câmbio flutuante e de taxa de câmbio fixa

A indexação salarial tende a desestabilizar o comportamento do produto em resposta a um choque de procura quando a taxa de câmbio flutua e estabiliza quando a taxa de câmbio é fixa?

No caso de uma taxa de câmbio flutuante, as simulações para valores paramétricos alternativos indicam que a indexação do salário não tende a estabilizar a produção. Neste caso, e para quase todos os valores paramétricos considerados, a variância do produto com um acordo salarial indexado é mais longa do que com contratos salariais variáveis no tempo e contratos com um salário fixo de curto prazo. A razão é que, nos períodos imediatamente a seguir ao choque, as cláusulas de indexação ficam rapidamente ligadas aos salários a uma inflação mais baixa devido à apreciação inicial, o que tende a impedi-las ou mesmo a reduzi-las. Este efeito começa por atenuar a magnitude da apreciação real e, em seguida, reduz a taxa de juro real esperada, uma vez que os utilizadores antecipam que os salários e a inflação terão de acelerar no futuro para compensar a interrupção indesejada dos salários actuais. Consequentemente, com uma taxa de câmbio flutuante, o boom de um choque de procura tende a persistir por mais tempo quando os contratos são indexados, o que desestabiliza o produto.

No caso de uma taxa de câmbio fixa, as análises indicam que a indexação dos salários não tem um efeito claro no fim da resposta do produto ao choque da procura. Os dois parâmetros que são particularmente importantes para determinar se a indexação do salário aumenta ou diminui esta resposta são as elasticidades da procura de bens domésticos em relação à taxa de juro real esperada e em termos da taxa de câmbio real. Isto deve-se ao facto de a indexação do salário abrandar o ajustamento do salário e da inflação, o que tende a suavizar a descida inicial da taxa de juro real esperada, mas também a reduzir a taxa de apreciação real necessária para estabelecer o equilíbrio. Enquanto o efeito anterior é estabilizador, o segundo é desestabilizador. Dependendo da elasticidade específica da procura do bem nacional, a indexação do salário pode estabilizar ou desestabilizar o produto.[58] É igualmente importante considerar os efeitos dos choques de preços e dos choques produtivos.

---

[57] Landerretche, O., F. Lefort, e R. Valdes. 2002. "Causes and Consequences of Indexation: A Review of the Literature".
[58] Jadresic, E. 2002. "Wage Indexation and Output Stability Revisited. "*Journal of Credit, Money and Banking*

Capítulo 15

15. Os efeitos dos choques de preços e dos choques de produção

A análise confirma que o efeito da indexação salarial na inflação tardia do produto sobre o comportamento do produto é relativamente pequeno. Além disso, os resultados indicam que a indexação dos salários desestabilizaria mais provavelmente o produto quando os choques se verificam nos preços, tendo um efeito mais significativo quando os choques se verificam na produção.[59] Uma vez tomado em consideração o atraso na indexação atual, a indexação dos salários numa economia aberta afecta o comportamento do produto consideravelmente menos do que o encontrado na literatura anterior. Além disso, os efeitos líquidos da indexação salarial sobre a estabilidade do produto neste contexto são mais significativos.

Por exemplo, se a economia for afetada principalmente por choques de preços, a indexação dos salários teria mais probabilidades de desestabilizar a produção. O mesmo aconteceria se a economia fosse afetada principalmente por choques na procura de bens e se existisse uma taxa de câmbio flutuante. Se a economia for atingida principalmente por choques monetários ou na indústria transformadora, ou se for atingida principalmente por choques na procura e houver uma taxa de câmbio fixa - os efeitos líquidos do salário indexado são mais significativos e dependem dos valores dos factores económicos

parâmetros. A implicação geral é que a avaliação definitiva dos efeitos líquidos da indexação salarial sobre a estabilidade do produto numa economia aberta exige uma especificação precisa da economia em causa.

15.1 Quais são as consequências macroeconómicas da indexação salarial?

A resposta a esta questão pode começar pela escolha do regime cambial. Com base em modelos em que a indexação salarial se baseia na inflação atual, a literatura conclui que a indexação salarial seria uma razão forte e poderosa para preferir um regime de taxa de câmbio flexível a um regime de taxa de câmbio fixa. Este resultado surgiu de acordo com uma abordagem tradicional em que se assume que os decisores políticos se preocupam apenas com a estabilização do produto, bem como com uma abordagem mais moderna em que se assume que os decisores políticos se preocupam em manter uma inflação baixa apesar de um produto estável, mas em que as suas preferências são inconsistentes em termos de tempo e expõem-se a um enviesamento inflacionista.[60] A essência deste argumento é que a indexação salarial ajuda a proteger o produto de choques monetários, independentemente do regime cambial em vigor. Se este efeito for verdadeiro, a indexação dos salários torna a taxa de câmbio fixa desnecessária para lidar com os choques monetários e reduz as possibilidades de criar surpresas inflacionistas.[61]

A primeira poderia ser considerada uma abordagem tradicional que estima o regime cambial de acordo com a medida em que a indexação salarial ajuda a estabilizar o produto. Embora se reconheça que tudo pode acontecer no caso mais geral do grau arbitrário de indexação, a literatura mostra que a indexação do salário ótimo (em que o grau de indexação é escolhido de forma óptima para minimizar os desvios entre o nível atual do produto), o regime de taxa de câmbio flutuante

[59] Carmichael, J., J. Fahrer, e J. Hawkins. 1986. "Some Macroeconomic Implications of Wage Indexation: A Survey". In *Inflation and Unemployment: Theory, Experience, and Policy-Making, editado* por V. E. Argy e J. W. Nevile, 78-102. Londres: G. Allen and Unwin.

[60] Alogouskofis, G. 1994. "On Inflation, Unemployment, and the Optimal Exchange Rate Regime". In *The Handbook of International Macroeconomics, editado* por F. Van der Ploeg, 192-223. Cambridge, Massachusetts: Basil Blackwell.

[61] Argy, V. 1990. "Choice of Exchange Rate Regime for a Smaller Economy: A Survey of Some Key Issues". Em *Choosing an Exchange Rate Regime: The Challenge for Smaller Industrial Countries*, editado por V. Argy e P. De Grauwe, 6-81. Washington: Fundo Monetário Internacional.

é sempre uma solução melhor do que o regime de taxa de câmbio fixa. Este resultado depende da previsão de que a indexação salarial ajuda a proteger o produto de choques monetários, independentemente do regime cambial. Se este efeito for verdadeiro, a indexação dos salários enfraquece visivelmente o principal mérito do regime cambial segundo o critério de estabilização do produto. A indexação dos salários seria também uma forte razão para preferir um regime de taxa de câmbio fixa se os decisores políticos estiverem empenhados em manter uma inflação baixa apesar da estabilidade do produto. Esta questão foi considerada utilizando o quadro de Barro e Gordon, em que as preferências dos decisores políticos são inconsistentes no tempo e expostas a um enviesamento inflacionista.[62]

Neste contexto e na ausência de indexação do salário, é geralmente aceite que uma taxa de câmbio fixa é melhor do que uma taxa de câmbio flexível. Este resultado exige que uma taxa de câmbio fixa aumente a credibilidade de uma inflação baixa, pelo que os benefícios desta credibilidade acrescida compensam os custos da perda de flexibilidade para se adaptar a choques agregados. Inversamente, a literatura (para a indexação) mostra que, se o grau de indexação do salário for ótimo no caso acima explicado, o regime de uma taxa de câmbio flexível dá geralmente melhores resultados do que o regime de taxa de câmbio fixa. Este resultado depende também do pressuposto de que a indexação dos salários ajuda a proteger o produto dos choques monetários. Na medida em que este resultado é correto, a indexação salarial reduz os incentivos para criar surpresas inflacionistas, enfraquecendo assim a utilidade do efeito de credibilidade associado ao regime de taxa de câmbio fixa.

Para além da lógica dos argumentos acima referidos, a conclusão de que a indexação salarial torna o regime de taxa de câmbio flexível mais preferível do que o regime fixo é infundada quando se tem em conta os atrasos nas regras de indexação atual. Isto depende, em particular, da premissa de que a indexação salarial protege o produto de choques monetários mesmo quando a taxa de câmbio é flexível. Quais são as implicações gerais da análise para a seleção do regime cambial?

---

[62] Barro, R. J., e D. B. Gordon. 1983. "A Positive Theory of Monetary Policy in a Natural Rate Model". *Journal of Political Economy* 91 (abril): 589-610.

Capítulo 16

16. Comportamento do produto com ou sem indexação salarial

A grande semelhança do comportamento do produto com e sem indexação do salário sugere que a seleção de um regime cambial nos índices de infraestrutura depende do mesmo tipo de factores que influenciam o regime cambial nas economias sem indexação do salário.[63] A indexação do salário pode implicar significativamente uma possível troca entre a credibilidade de uma inflação baixa e a flexibilidade no tratamento de choques agregados, que parte da literatura prescreve na escolha entre uma taxa de câmbio fixa e flexível. Por conseguinte, embora a tomada em consideração da existência de indexação salarial não ajude a resolver o problema de longa data de qual o regime de taxa de câmbio ótimo, também não parece ser um fator importante na decisão sobre o modo ótimo. Esta implicação opõe-se à sugestão da literatura académica de que a indexação dos salários torna geralmente mais preferível o regime de taxa de câmbio flexível. A consequência do que precede é que a existência de indexação do salário é provavelmente uma boa razão para implementar o regime de taxa de câmbio indexada. Nomeadamente, independentemente do tipo de contrato existente na economia, os efeitos desse regime sobre o produto e a estabilidade da taxa de câmbio real são geralmente semelhantes aos do curso de ajustamento da taxa de câmbio.[64] Com ou sem indexação do salário, o principal efeito do regime de taxa de câmbio indexada seria o seu conhecido efeito sobre a estabilidade inflacionária.

Do ponto de vista do nível e da variabilidade da inflação, se e como a indexação dos salários afecta o nível de inflação depende dos factores que determinam a criação da política monetária. A literatura analisa normalmente esta questão no contexto do modelo de Barro e Gordon, partindo do princípio de que as autoridades monetárias têm preferências inconsistentes no tempo e não podem comprometer-se de forma fiável a manter uma inflação baixa.[65] Neste contexto, a investigação académica é ambiciosa, tendo em conta os efeitos da indexação dos salários no nível da inflação. Por outro lado, os autores[66] que aceitam o pressuposto padrão de que a indexação salarial se baseia na inflação corrente e que, por conseguinte, estabiliza o produto quando os choques são nominais, assumem geralmente que a introdução da indexação do salário reduz os incentivos para criar surpresas nominais e, por conseguinte, reduz o nível de inflação. Quanto à questão de saber se a indexação dos salários tem um efeito anti-inflacionista, Ball e Cecchetti argumentam que este efeito é compensado pelo facto de a indexação dos salários aliviar os custos inflacionistas, o que é inflacionista.[67] Quando se consideram os atrasos na atual indexação do salário, a indexação do salário parece ser relativamente mais suscetível de aumentar o nível de inflação. As descobertas dizem que, quando os ajustamentos dos custos de vida se baseiam na inflação em atraso, o pressuposto por defeito de que a indexação da cobertura protege o produto dos choques nominais não se justifica.

Nomeadamente, a indexação do salário à inflação vencida pode aumentar a resposta do produto aos choques nominais, e modificar os efeitos dos choques sobre o produto significativamente menos do que se supõe na literatura. Consequentemente, a indexação do salário em caso de inflação vencida não é um obstáculo necessário para criar surpresas

[63] Marston, R. C. 1990. "Wages, Relative Prices and the Choice between Fixed and Flexible Exchange Rates". *Canadian Journal of Economics* 15(1): 87-103.

[64] Mundell, R. A. 1975. "Capital Mobility and Stabilization Policy under Fixed and Flexible Exchange Rates". *Canadian Journal of Economics and Political Science* 29 (novembro): 475-85.

[65] Barro, R. J., e D. B. Gordon. 1983. "A Positive Theory of Monetary Policy in a Natural Rate Model". *Journal of Political Economy* 91 (abril): 589-610.

[66] Milesi-Ferretti, G. M. 1994. "Wage Indexation and Time Consistency". *Journal of Money, Credit and Banking* 26(4): 941-50.

[67] Ball, L., e S. Cecchetti. 1999. "Wage Indexation and Discretionary Monetary Policy" [Indexação salarial e política monetária discricionária]. *American Economic Review* 81(5): 1310-19.

nominais e, quando o é, é claro que não é tão rigorosa como a indexação do salário na inflação corrente. Dado que a indexação do salário também reduz os custos da inflação e reduz o desejo de "derrubar" a inflação, então a indexação do salário parece ser
relativamente mais susceptíveis de aumentar o nível de inflação. Naturalmente, esta hipótese está condicionada pelo postulado de que as autoridades monetárias não podem comprometer-se de forma credível a manter uma inflação baixa, o que é controverso.

Relativamente à variabilidade da inflação, Gray[68] e Fischer[69] argumentam que a indexação salarial aumenta a variabilidade dos preços. Este resultado implica uma maior variabilidade da inflação. Pelo contrário, alguns autores consideram que os efeitos da indexação de um salário são ambíguos. Por exemplo, numa economia fechada com uma oferta monetária fixa, a indexação do salário aumenta a variabilidade da inflação quando os contratos para o salário indexado são comparados com os contratos para salários variáveis no tempo ajustados, mas também pode aumentar ou diminuir a variabilidade da inflação quando os contratos para salários indexados são comparados com contratos para salários fixos de curto prazo. Na simulação de uma economia aberta, por sua vez, parece que a indexação do salário pode reduzir de forma semelhante a variabilidade da inflação, mas não há garantia de que isso aconteça sempre.

De acordo com as regras de indexação padrão, a investigação trata a indexação do salário explicitamente como uma cláusula em contratos de longo prazo que apoiam ajustamentos periódicos do salário em caso de inflação excessiva. Para avaliar as consequências de contratos com este tipo de cláusulas, o comportamento da economia na ausência de indexação pode ser modelado utilizando dois padrões de referência alternativos, nomeadamente contratos que especificam ajustamentos salariais variáveis no tempo e contratos que especificam salários fixos a curto prazo. Quanto mais cedo se admitir que as regras-padrão para a indexação dos salários definem uma rigidez nominal e não real, torna-se claro que os efeitos da indexação dos salários são significativamente diferentes dos que resultam da hipótese de a indexação dos salários se basear na inflação corrente. Em questões mais discutidas, as consequências macroeconómicas da indexação dos salários à inflação vencida são significativamente diferentes dos efeitos da indexação dos salários à inflação corrente, mesmo a um nível qualitativo.

O quadro mais amplo que emerge da tomada em consideração dos atrasos na indexação atual dos salários confirma as afirmações que a maioria dos decisores políticos e dos investigadores parecem ter sobre as consequências da indexação dos salários. A análise indica como a indexação do salário em atraso à inflação pode aumentar os custos da desinflação, desestabilizando o produto independentemente do tipo de choques na economia e relativamente pouco importante para a escolha do regime cambial.

Além disso, a análise sugere que, se os políticos estiverem firmemente determinados a manter uma inflação baixa, a indexação dos salários à inflação vencida tem relativamente mais probabilidades de aumentar a inflação média. A análise indica igualmente a existência de importantes reservas em relação a estas propostas. Em particular, a indexação do salário em atraso pode reduzir os custos da desinflação se a alternativa a um acordo salarial indexado forem contratos que especifiquem o ajustamento dos salários variáveis no tempo. Além disso, numa economia aberta e num determinado regime de política económica, a indexação dos salários em caso de inflação vencida pode aumentar ou reduzir a estabilidade do produto, em função das características específicas da economia em causa.

---

[68] Gray, J. A. 1976. "Wage Indexation-A Macroeconomic Approach." *Journal of Monetary Economics* 2(2): 221-35.
[69] Fischer, S., e L. Summers. 1997. "Should Governments Learn to Live with Inflation?" *American Economic Review* 79(2): 382-87.

Capítulo 17

17. Salários, crescimento produtivo, inflação e taxa de câmbio: o caso da Croácia e da zona euro

Para a maioria dos países da Europa Central e Oriental, nos últimos quinze anos, o processo de transição caracterizou-se por períodos de inflação elevada e de valorização real da moeda nacional. É frequentemente debatido que uma das principais fontes de tais tendências é a diferença de desenvolvimento produtivo entre um sector transacionável e um sector não transacionável num determinado país em relação ao estrangeiro. Nomeadamente, de acordo com o efeito Balassa-Samuelson - se a diferença no crescimento produtivo entre o sector transacionável e não transacionável for maior num país em transição na zona euro, o preço relativo do sector não transacionável crescerá mais rapidamente. Num regime de taxa de câmbio fixa, isto refletir-se-á num crescimento mais elevado de todos os preços, enquanto num regime de taxa de câmbio flutuante resultará numa combinação de inflação mais elevada e apreciação da taxa de câmbio nominal. Em ambos os casos, a taxa de câmbio real apreciar-se-á subsequentemente. Após a abertura das fronteiras no início de 1990, os países em transição registaram um intenso progresso tecnológico que resultou num crescimento mais rápido do produto em comparação com os países mais desenvolvidos da zona euro. O crescimento produtivo alcançado foi mais elevado no sector dos bens transaccionáveis do que no sector dos bens não transaccionáveis. Os níveis de produtividade nos países em transição são ainda, compreensivelmente, inferiores aos dos países desenvolvidos, pelo que é razoável esperar que o processo de convergência real continue. É por isso que existe um grande interesse no estudo destas questões nos novos Estados-Membros da UE. Uma vez obrigados a introduzir o euro como moeda nacional, o efeito Balassa-Samuelson associado à convergência real pode dificultar a convergência nominal e o cumprimento dos necessários critérios de Maastricht.

O crescimento da produtividade relativa na Croácia entre 1998 e 2006 foi mais elevado do que na zona euro. Após a aplicação do programa de estabilização no primeiro semestre de 1990, a inflação diminuiu e manteve-se baixa e relativamente estável, pelo que o diferencial de inflação em relação à zona euro foi compreensivelmente menos pronunciado do que noutros países em transição. Os factores que contribuíram em grande medida para a baixa inflação foram a taxa de câmbio nominal estável, a liberalização do comércio externo, a intensa concorrência no sector retalhista após a entrada de grandes cadeias de retalho no mercado nacional no início de 2000 e o crescimento moderado dos salários nominais. Graças à taxa de câmbio nominal relativamente estável e à diferença relativamente pequena da inflação em relação à zona euro, não se registaram alterações da taxa de câmbio real nos países da Europa Central e Oriental.

Além disso, o teste do efeito Balasa-Samuelson na Croácia é importante devido à média de adesão à UE e de entrada na zona euro. Isto deve-se ao facto de um dos critérios para a aceitação do euro como moeda oficial ser a manutenção de uma inflação baixa, medida pelo índice de preços no consumidor. A Croácia não cumpriu este critério nem em 2005 nem em 2006. A questão que se coloca aqui é saber em que medida o efeito Balassa-Samuelson contribui para esta situação e pode dificultar o processo de adoção do euro como moeda nacional da Croácia, bem como colocar em quarentena o seu impacto na inflação e na taxa de câmbio real. Nomeadamente, Balassa e Samuelson identificam as deficiências da versão absoluta da paridade do poder de compra como teoria para determinar a taxa de câmbio. Identificam os diferenciais de crescimento produtivo entre o sector de bens internacionalmente transaccionáveis e o sector de bens internacionalmente não transaccionáveis como um fator que introduz ligações sistemáticas na relação entre os preços relativos e a taxa de câmbio real. Assim, este modelo diz que um crescimento produtivo mais rápido no sector dos bens transaccionáveis em relação ao sector dos bens não transaccionáveis numa dada economia em comparação com uma economia estrangeira levará a um maior crescimento dos preços internos, o que resultará numa apreciação real da moeda desse país. O crescimento da produção no sector dos bens transaccionáveis aumentará os salários nesse sector e, devido à mobilidade da mão de obra, os salários no sector dos bens não transaccionáveis também aumentarão. Os fabricantes de bens não transaccionáveis têm de aumentar os preços dos seus produtos para poderem pagar salários mais elevados, o que, por sua vez, conduz a um aumento do nível geral de preços na economia.

O modelo tradicional com dois países e dois sectores: o sector dos bens transaccionáveis internacionalmente (T) e o sector dos bens não transaccionáveis internacionalmente (NT), baseia-se em quatro hipóteses:
1. A PPC absoluta aplica-se apenas ao sector dos bens transaccionáveis,
2. os salários no sector dos bens transaccionáveis são determinados pela produtividade da mão de obra nesse sector
3. a mão de obra é perfeitamente móvel no país, mas não entre os países, o que leva a nivelar os salários entre sectores ou a manter uma relação salarial constante, e
4. o capital é perfeitamente móvel, tanto no país como entre os países.

As séries de produtividade e de preços da Croácia e da zona euro para o período 1998-2006 foram utilizadas para análise, bem como a taxa de câmbio real HRK/EUR. O índice de preços no consumidor tem início em 1998. A produtividade média do trabalho é utilizada como indicador da produtividade total dos factores. De acordo com esta análise, os bens transaccionáveis incluem a indústria, enquanto o sector não transacionável é geralmente constituído por serviços. A agricultura é geralmente excluída da análise devido à sua elevada dependência dos subsídios e intervenções governamentais. O índice de preços no consumidor para a Croácia e o índice harmonizado de preços no consumidor para a zona euro foram aplicados para ver e comparar os efeitos. O índice de preços no consumidor é uma medida de inflação comparável a nível internacional. O índice nacional de preços no consumidor difere do índice harmonizado em vários segmentos, mas não afecta esta análise. O deflator do PIB é utilizado como uma segunda medida do nível de preços agregados.
A taxa de câmbio real da kuna croata em relação ao euro é calculada utilizando a taxa de câmbio nominal média trimestral HRK/EUR e o rácio entre os preços externos e internos. São igualmente utilizadas as relações obtidas a partir do índice harmonizado de consumo da zona euro e do índice de preços no consumidor da Croácia, o deflator implícito do PIB, bem como a relação entre os índices de preços no produtor.
No caso da Croácia, o sector dos bens transaccionáveis engloba a indústria, o minério, a eletricidade, o gás e o abastecimento de água, rotulados como LPT1, enquanto no segundo, os hotéis e restaurantes rotulados como (LPT2) são acrescentados devido à elevada percentagem de serviços de viagem (turismo) no total da exportação de bens e serviços na Croácia. A produtividade média da mão de obra na Croácia desde 1998-2006 está a aumentar um quarto. Embora o crescimento ocorra em ambos os sectores, o Gráfico 1 mostra que o crescimento produtivo no sector dos bens transaccionáveis é compreensivelmente mais intenso do que no sector dos bens não transaccionáveis.
Figura 1. Produtividade do trabalho na Croácia, 1998 = 100

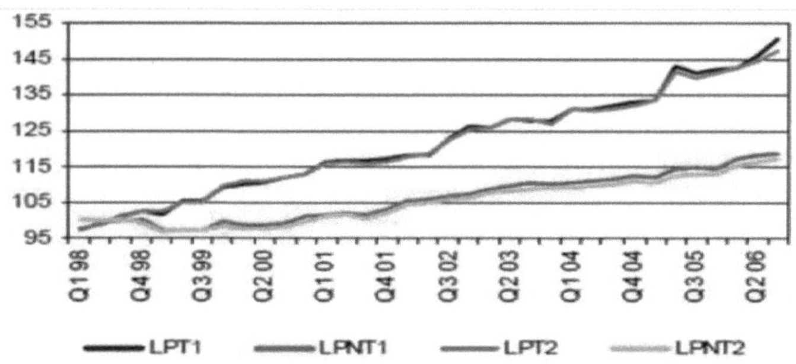

Fonte: Instituto de Estatística da República da Croácia

O maior aumento da produtividade do trabalho foi alcançado na indústria, o que reflecte o crescimento permanente do valor acrescentado bruto e a mesma redução do número de empregados, especialmente na produção. Um elevado crescimento produtivo foi também conseguido nos transportes e comunicações, seguido da hotelaria e restauração e do comércio. Importa ainda ter em conta que o crescimento produtivo mais intenso do trabalho se verificou em 2002 e resulta da entrada de cadeias de retalho estrangeiras no mercado nacional, o que constituiu um efeito simultâneo. A intensificação seguinte da competitividade tem um impacto positivo na produtividade, mas também numa escala significativamente pequena. Por outro lado, a produtividade do trabalho nos sectores da intermediação financeira e imobiliária e na administração pública, defesa, saúde, educação, etc., não se alterou significativamente, o que é o resultado de um aumento da produtividade. Não se alterou significativamente, o que resulta de um aumento proporcional do valor acrescentado e do número de trabalhadores (Figura 2).

Figura 2. Produtividade do trabalho na Croácia com base nas ANC, 1998 = 100

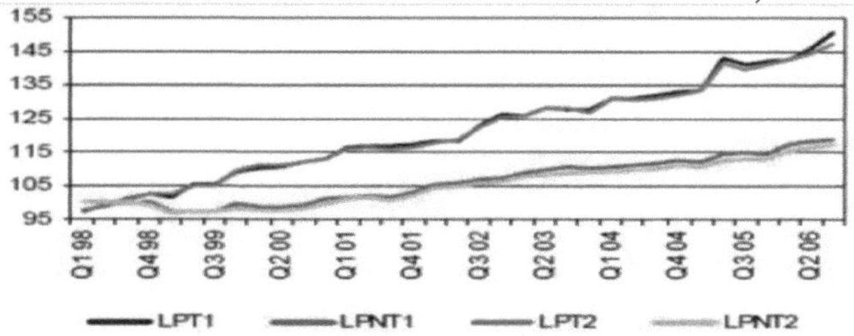

Fonte: Instituto de Estatística da República da Croácia

De acordo com os pressupostos teóricos, os salários reais no sector transacionável são determinados pela produtividade nesse sector, enquanto a mobilidade da mão de obra entre sectores deveria resultar na igualização dos salários nominais no sector transacionável e no sector não transacionável. Desta forma, funciona o mecanismo de transmissão, em que o diferencial de produtividade da mão de obra entre os sectores afecta o diferencial de preços entre o sector transacionável e o sector não transacionável. Este facto é útil para observar as tendências salariais na Croácia.

Para calcular os salários reais na Croácia, os três preços diferentes dos bens transaccionáveis mostram quais foram utilizados: o CPIG, o PPI e o DEFT implícito. Embora os salários reais no sector dos bens transaccionáveis na Croácia tenham aumentado em quase um terço durante o período relevante, o seu crescimento está atrasado em relação ao crescimento produtivo. Isto pode reflectir-se num efeito mais fraco sobre a produtividade relativa dos bens transaccionáveis a preços relativos dos bens não transaccionáveis. Estas tendências dos salários reais no sector dos bens transaccionáveis podem ser parcialmente explicadas pelo elevado desemprego atual e pelos custos unitários do trabalho relativamente elevados. A longo prazo, não se pode esperar que o crescimento dos salários fique aquém do crescimento produtivo, pelo que o mecanismo de transmissão acima referido deve ser gradualmente reforçado. O gráfico 5 confirma que o preço dos bens não transaccionáveis (IPC_S e DEFNT) está a crescer mais rapidamente do que o preço dos bens transaccionáveis (IPC_G e DEFT).

Figura 3. Preços dos bens transaccionáveis e não transaccionáveis na Croácia, 1998 = 100

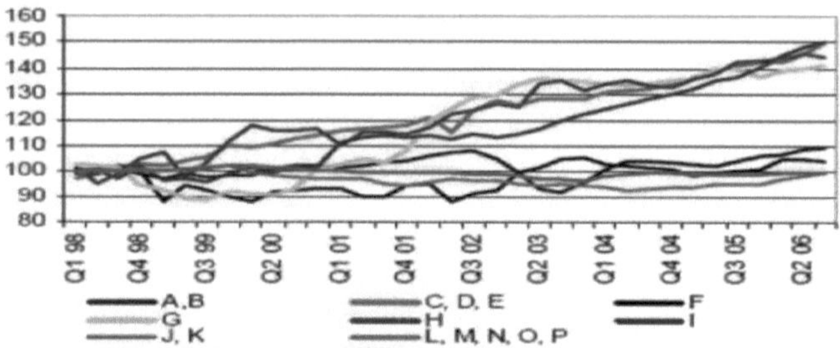

Fonte: Instituto de Estatística da República da Croácia

A figura 4 mostra como, de acordo com o modelo teórico, os preços relativos dos bens não transaccionáveis se mantêm a par do crescimento produtivo relativo no sector transacionável.

Figura 4. Preços relativos e produtividade relativa na Croácia, 1998 = 100

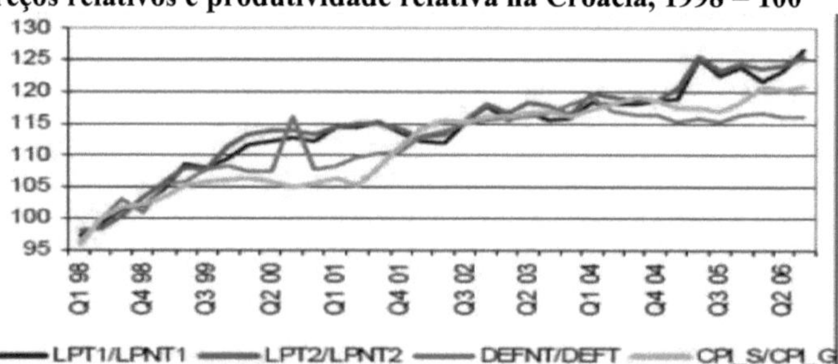

Fonte: Instituto de Estatística da República da Croácia

Por outro lado, se a diferença de produtividade entre o sector transacionável e o sector não transacionável for mais elevada na Croácia do que na zona euro, o efeito Balassa-Samuelson internacional entra em ação. Isto significa que os preços na Croácia crescerão mais rapidamente do que na zona euro, o que também deverá resultar numa apreciação da taxa de câmbio real HRK/EUR. A figura 5-6 mostra as tendências relativas da produtividade no sector dos bens transaccionáveis (em relação aos bens não transaccionáveis) e o nível geral dos preços na Croácia e na zona euro de 1998 a 2006, bem como a taxa de câmbio real durante o mesmo período. Durante o período analisado, o crescimento da produtividade relativa na Croácia foi, de certa forma, mais rápido do que na zona euro, mas o diferencial de inflação entre a Croácia e a zona euro é considerado mais marcante. Isto mostra que a possível presença do efeito Balassa-Samuelson foi provavelmente maior, mesmo com a contribuição de outros factores.

É também de salientar que a inflação entre a Croácia e a zona euro é duas vezes mais baixa se os preços no consumidor forem comparados com os deflatores implícitos. Este facto pode ser explicado pelos efeitos favoráveis da liberalização do comércio e pela redução dos preços dos bens importados, que contribuem para manter uma inflação baixa e estável dos preços no consumidor na Croácia, que não atingiu simultaneamente os deflatores implícitos. A manutenção da estabilidade da taxa de câmbio nominal entre a kuna croata e o euro também contribui grandemente para a estabilidade dos preços.

Figura 5. Preços na Croácia e na zona euro, 1998 = 100

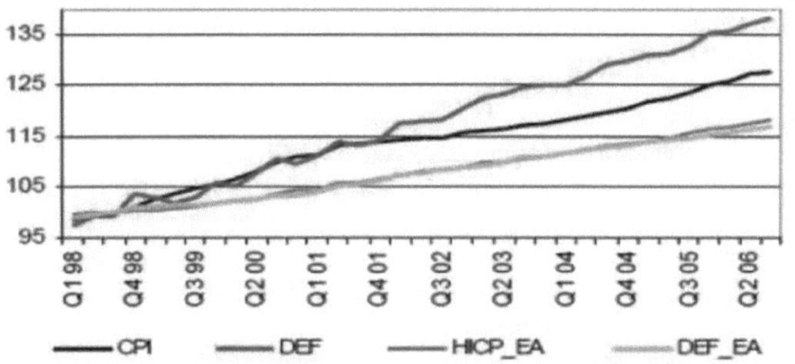

Fonte: Serviço de Estatística da República da Croácia, Eurostat

A taxa de câmbio nominal entre a Kuna croata e o Euro entre 1998 e 2006 oscila num intervalo relativo de +/- 7% em torno da taxa de câmbio média durante este período. No início do período em análise, as tendências da taxa de câmbio foram principalmente afectadas por pressões de depreciação. Esta foi iniciada pelo aumento da procura de moeda estrangeira no mercado interno devido ao acesso limitado ao mercado de capitais estrangeiros por parte das empresas nacionais e dos bancos comerciais, bem como pela melhoria das importações, pelo serviço da dívida externa e pelo aumento da incerteza após a crise bancária.

A pressão da valorização (quando é mais pronunciada) resulta do afluxo significativo de investimento direto estrangeiro (incluindo as receitas das privatizações), das receitas do turismo, etc. Graças à taxa de câmbio nominal relativamente estável entre a kuna croata e o euro e ao diferencial de inflação relativamente pequeno em comparação com a zona euro, as alterações da taxa de câmbio real na Croácia não foram muito significativas. De 1998 a 2006, a taxa de câmbio real, calculada a partir do índice de preços no consumidor, registou uma variação de +/- 5%. A taxa média anual de apreciação real é de apenas 0,6%, o que é significativamente inferior à de muitos países das duas vagas anteriores de alargamento da UE.

Figura 6. Taxa de câmbio real HRK / EUR, 1998 = 100

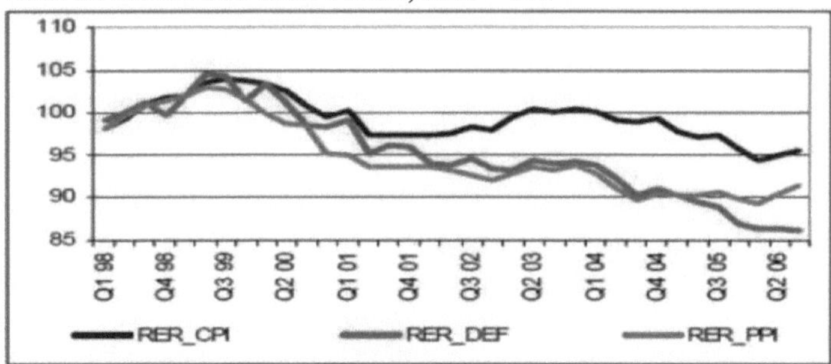

Fonte: Instituto de Estatística da República da Croácia, Banco Nacional da Croácia

Como funciona através dos preços de bens insignificantes, o efeito Balassa-Samuelson internacional só pode explicar a apreciação da taxa de câmbio real calculada através do índice de preços no consumidor e dos deflatores implícitos do PIB, mas não do índice de preços no produtor, que mostra a evolução dos preços dos bens transaccionáveis. Por outras palavras, para explicar o efeito Balassa-Samuelson, a apreciação da taxa de câmbio real, a paridade do poder de compra deve ser mantida para os bens transaccionáveis, o que significa que a série da taxa de câmbio real descarregada dos preços dos bens transaccionáveis (PPI) deve ser estacionária.[70]

Dado que a figura 6 mostra claramente que, durante o período observado, a taxa de câmbio real HRK/EUR foi retirada do índice de preços no produtor paralelamente à taxa de câmbio real retirada do índice de preços no consumidor (o que significa que está a diminuir esporadicamente), é pouco provável que a apreciação real seja explicada pelo efeito Balassa-Samuelson. No período de 1998 a 2006, a taxa média anual de inflação dos preços no consumidor na Croácia foi de cerca de 3%, tendo os preços dos bens não transaccionáveis (serviços) aumentado duas vezes mais rapidamente (5%) do que os preços dos bens transaccionáveis (bens, 2,5%). Foi efectuada uma análise econométrica para determinar em que medida a distinção inflacionista entre os bens não transaccionáveis e os bens transaccionáveis pode ser atribuída ao efeito Balassa-Samuelson interno e a duração do efeito Balassa-Samuelson na inflação.[71]

Quadro 1. Efeito Balassa-Samuelson interno - Quadro contabilístico simples, taxas de crescimento anuais em percentagem

	1999	2000	2001	2002	2003	2004	2005	2006	npoce
Inflação do IPC	4.02	4.62	3.73	1.70	1.75	2.08	3.34	3.02	3.03
CPIN	8.14	5.12	5.38	7.27	2.57	3.27	2.89	5.09	4.96
CPIT	2.88	4.48	3.35	0.30	1.56	1.68	3.44	2.41	2.51
CPI_DIFF"	5.25	0.63	2.01	6.98	1.01	1.59	-0.55	2.68	2.45

[70] Egert, B., Drine, I., Lommatzsch, K. e Rault, C. (2003): The Balassa-Samuelson Effect in Central and Eastern Europe: Myth or Reality?, *Journal of Comparative Economics*, vol. 31, pp. 552-572

[71] Egert, B. (2005): Balassa-Samuelson Meets South Eastern Europe, the CIS and Turkey: A Close Encounter of the Third Kind?, *The European Journal of Comparative Economics*, vol. 2, no. 2, pp. 221-243

PRODT	5.47	5.77	4.81	4.07	4.67	3.63	6.05	4.65	4.89
PRODNT	-2.09	1.56	2.70	4.22	3.27	1.55	2.20	3.60	2.13
Efeito BS"	1.51	0.84	0.42	-0.03	0.28	0.42	0.77	0.21	0.55
Efeito BS"	3.03	1.69	0.85	-0.06	0.56	0.83	1.54	0.42	1.11
Efeito BS"	4.54	2.53	1.27	-0.09	0.84	1.25	2.31	0.63	1.66
BS efect" (S_T=0,8)	6.05	3.37	1.69	-0.12	1.12	1.66	3.08	0.84	2.21
Efeito BS" ($\square_T$=1)	7.57	4.22	2.12	-0.15	1.40	2.08	3.85	1.04	2.77
Contribuição do efeito BS para a inflação (b_r=1)	1.74	0.97	0.49	-0.03	0.32	0.48	0.88	0.24	0.64

O quadro 1 mostra que, neste período considerado, a diferença no crescimento médio anual dos preços dos bens transaccionáveis e não transaccionáveis na Croácia foi de 2,45 pontos percentuais. A estimativa do efeito Balassa-Samuelson interno depende dos valores adoptados para o coeficiente ß1. Se o diferencial de crescimento produtivo entre o sector transacionável e o sector não transacionável não afetar o custo relativo do sector não transacionável, o coeficiente ß1 é zero. Por outro lado, se ß1 for considerado igual a 1, o coeficiente

O efeito Balassa-Samuelson seria de 2,77 pontos percentuais. Isto significa que quando o diferencial de crescimento produtivo entre o sector não cultivável flui completamente para o diferencial inflacionário entre o sector não cultivável, e quando é o único fator que afecta esta diferenciação, então seria de 2,77 pontos percentuais.

Durante o período observado, não foi esse o caso, pelo que é óbvia a existência de barreiras no mecanismo de transmissão acima referido e/ou a influência de outros factores. A fim de avaliar o impacto do efeito Balassa-Samuelson no nível geral de preços inflacionista, vale a pena considerar a percentagem de serviços (o sector não transacionável) no cabaz de compras da Croácia. Esta quota foi de 23%, pelo que, durante o período observado, a contribuição do efeito Balassa-Samuelson para a inflação média anual, tomando ß1 igual a 1, foi de 0,64 pontos percentuais em média, o que é quase idêntico aos obtidos na análise para o período 1996-2002 efectuada por Égert.[72] Embora o diferencial produtivo entre o sector transacionável e o sector não transacionável durante o período observado fosse mais elevado na Croácia do que na zona euro, a maior percentagem do sector não transacionável no cabaz de consumo da zona euro (41% contra 23%) resultou num efeito Balassa-Samuelson negativo. Isto significaria que, se apenas o diferencial produtivo afectasse os preços na Croácia e na zona euro, a inflação croata seria mais baixa, o que não foi o caso no período observado.

Aplicando um quadro simples, confirma-se que a contribuição média do efeito Balassa-Samuelson para a inflação anual é, no máximo, de 0,64 pontos percentuais. A análise econométrica revela uma insignificância estatística do coeficiente explicado pelo efeito Balassa-Samuelson (nacional e internacional). A incapacidade de confirmar a relação entre a produtividade relativa e os preços relativos pode ser explicada por vários factores.
Assim, é possível que a rigidez do mercado de trabalho e o elevado desemprego na Croácia enfraqueçam o mecanismo em que o crescimento produtivo deveria incentivar salários mais elevados. Por outro lado, os preços do sector dos bens transaccionáveis são muito afectados pela liberalização do mercado e pela redução dos direitos aduaneiros e das barreiras não pautais ao comércio externo, o que contribuiu para uma concorrência mais intensa no mercado interno, o que, por sua vez, limita o aumento dos preços. É provável que o crescimento dos preços do sector dos bens transaccionáveis seja afetado em grande medida pelo processo de desregulamentação dos preços regulamentados anteriormente administrados.

[72] Egert, B. (2005): Balassa-Samuelson Meets South Eastern Europe, the CIS and Turkey: A Close Encounter of the Third Kind?, *The European Journal of Comparative Economics*, vol. 2, no. 2, pp. 221-243

Conclusão

As novas economias abertas permitiram aos economistas lidar com problemas clássicos utilizando novos instrumentos e gerando novas ideias e questões. Nas suas tentativas para que os novos modelos sejam abrangidos pela regularidade empírica, os investigadores introduzem diferentes pressupostos sobre os preços internacionais dos bens, nomeadamente os modelos de preços de mercado e de preços na moeda de destino das exportações. Alguns destes modelos de resultados implicam que as alterações da taxa de câmbio não têm o efeito de transmissão de custos, pelo que parece que estão a exigir uma conceção radical do papel da taxa de câmbio no ajustamento internacional. A investigação recente em economia aberta produziu uma síntese de abordagens dinâmicas provisórias com modelos antigos de preços rígidos em flutuações macroeconómicas.

Nas tentativas dos investigadores para tornar mais fiáveis estes modelos cobertos pela regularidade empírica, introduziram diferentes pressupostos relativamente ao comportamento dos preços internacionais. É uma boa ilustração do poder da nova abordagem, mas é também uma questão de enormes consequências para a análise política, uma avaliação dos benefícios de estabilização da flexibilidade da taxa de câmbio. O pessimismo em relação aos lucros brutos da taxa de câmbio flexível é uma caraterística contínua da cena intelectual, e a última ronda de debates baseia-se precisamente na observação da transmissão extremamente baixa e lenta das alterações da taxa de câmbio aos preços no consumidor. A crença nas virtudes da flexibilidade salarial é generalizada nos círculos políticos. Manifesta-se mais claramente nos apelos recorrentes à moderação salarial (ou mesmo a cortes salariais), emitidos por instituições políticas internacionais e dirigidos a países que enfrentam um elevado desemprego. A Grande Recessão e a "crise do euro" apenas reforçaram estes pontos de vista. A defesa da flexibilidade salarial assenta na perceção do seu papel como fator de estabilidade macroeconómica. Assim, espera-se que uma diminuição dos salários compense, pelo menos parcialmente, os efeitos negativos sobre o emprego (e a produção) de um choque agregado adverso. Pelo contrário, a presença de salários rígidos tende a amplificar os efeitos no emprego e no produto da maioria dos choques agregados.

O papel dos salários como amortecedor é visto como sendo particularmente importante no contexto das economias que aderiram a uma união monetária ou que adoptaram qualquer outra forma de ligação rígida, pois nesses casos a taxa de câmbio já não está disponível como mecanismo de ajustamento. Perante um choque adverso específico de um país que exija uma depreciação da taxa de câmbio real, justifica-se uma "desvalorização interna" baseada nos salários. Argumenta-se que a presença de rigidez salarial dificultará esse ajustamento e torná-lo-á mais longo e mais doloroso, ao exigir, ceteris paribus, uma taxa de desemprego mais elevada para provocar o ajustamento necessário dos salários e dos preços. Na medida em que a flexibilidade salarial actua como um substituto da flexibilidade cambial, é considerada particularmente desejável nas economias que adoptaram um hard peg ou aderiram a uma união monetária.

A análise da interação entre a rigidez salarial e o regime cambial tem uma longa tradição na macroeconomia. A investigação recente sobre as consequências da rigidez salarial nas uniões monetárias pode ser encontrada com a rigidez nominal, o impacto dos ajustamentos salariais sobre o emprego funciona, em grande medida, através do seu efeito induzido sobre a componente endógena da política monetária, uma vez que esta última é flexibilizada ou reforçada em resposta a pressões inflacionistas mais baixas ou mais elevadas. No contexto de um modelo de economia fechada, o facto de um aumento da flexibilidade salarial aumentar o bem-estar depende da regra de política monetária em vigor e, em particular, da força da resposta sistemática dos bancos centrais à inflação. Se essa resposta for fraca, os benefícios de uma maior flexibilidade salarial, sob a forma de uma maior estabilidade do emprego, serão reduzidos e, em muitos casos, mais do que compensados pelas perdas associadas a uma maior volatilidade da inflação dos preços e dos salários. A abertura do país acarreta dois factores adicionais com implicações potencialmente contrárias. Em primeiro lugar, a abertura abre espaço para um "canal de competitividade", através do qual uma redução dos salários internos conduz a uma depreciação do termo de troca e, consequentemente, a um aumento da procura agregada, da produção e do emprego. Este mecanismo deve funcionar para estabilizar o emprego e, ceteris paribus, para reforçar o "canal de política endógena". Do ponto de vista do "canal da competitividade", o grau de abertura da economia e a elasticidade das exportações líquidas em relação à taxa de câmbio real parecem ser determinantes importantes dos ganhos decorrentes de uma maior flexibilidade salarial. Por outro lado, a política monetária numa economia aberta pode ser impulsionada, em maior ou menor grau, pelo desejo de estabilizar a taxa de câmbio. Na ausência de controlos de capitais, a manutenção de uma taxa de câmbio estável exige que a taxa de juro não se desvie muito da sua contraparte estrangeira relevante. Nesse caso, o "canal de política endógena" será atenuado, assim como o efeito de salários mais baixos sobre a procura agregada e o emprego. A fim de compreender o papel desempenhado pela taxa de câmbio na determinação dos ganhos decorrentes da flexibilidade salarial, foi desenvolvido um modelo de pequena economia aberta com preços e salários escalonados e estudado o impacto de uma maior flexibilidade salarial na estabilidade macroeconómica e no bem-estar, em função da política cambial em vigor. O exemplo mostrou que o impacto dos ajustamentos salariais no emprego é tanto menor quanto mais o banco central procura estabilizar a taxa de câmbio. Além disso, um aumento da flexibilidade salarial reduz frequentemente o bem-estar, sendo mais provável que tal aconteça em economias sujeitas a uma política monetária orientada para a taxa de câmbio. Além disso, foi aqui explicado o caso de uma economia aberta com uma taxa de câmbio flutuante, em que a eficiência da política orçamental e monetária depende fundamentalmente do processo de fixação dos salários. Nos modelos de Mundell-Fleming, a expansão monetária aumenta o produto através da depreciação da taxa de câmbio, enquanto a expansão orçamental não tem qualquer efeito sobre o produto. Estes resultados só se mantêm quando os salários reais podem ser alterados por movimentos da taxa de câmbio; se o salário real for fixo, a classificação de Mundell e Fleming das políticas é invertida.

A deterioração do desempenho macroeconómico de muitas das economias industriais desde o início da década de 1970 tem sido difícil de explicar e de contrariar. A análise acima apresenta um estudo transnacional que examina esta deterioração em termos do grau de indexação salarial, da escolha do regime cambial e dos efeitos de vários choques que afectaram estas economias. Embora o desempenho macroeconómico, em particular no mercado de trabalho, tenha sido geralmente fraco durante este período, alguns países saíram-se melhor do que outros. Uma explicação comum para esta divergência de desempenho é o facto de os países com as instituições do mercado de trabalho mais flexíveis terem estado em melhor posição para resistir aos choques do período. A fundamentação teórica para esta explicação pode ser encontrada na literatura inicial sobre a macroeconomia da indexação salarial, que concluiu que a indexação salarial estabiliza a produção em torno de um nível desejado na presença de choques de procura, mas desestabiliza a produção face a choques de oferta. O grau ótimo (de compensação do mercado de trabalho) de indexação salarial depende, portanto, da prevalência relativa desses choques. É bem sabido que a rigidez dos salários reais na presença de choques de oferta pode conduzir a resultados macroeconómicos sub-óptimos. O que não é geralmente apreciado, porém, é que a escolha de um regime cambial ótimo pode compensar parcialmente as consequências negativas dessa rigidez. Consequentemente, o grau ótimo de indexação salarial é uma função não só da força relativa dos choques da procura e da oferta, mas também do grau de flexibilidade da taxa de câmbio nominal. De forma equivalente, o regime cambial ótimo é uma função do grau de indexação salarial. Especificamente, a política monetária pode ser utilizada para obter um grau de flexibilidade da taxa de câmbio nominal. O grau ótimo de flexibilidade, dada a existência de um certo grau de indexação salarial, é aquele que conduz à obtenção do salário real de equilíbrio do mercado de trabalho. No entanto, com uma indexação salarial completa, a política monetária não pode alterar o salário real e o grau ótimo de flexibilidade da taxa de câmbio é indeterminado.

A explicação das consequências da indexação salarial para a macroeconomia pode começar pela escolha do regime cambial. Com base em modelos em que a indexação salarial se baseia na inflação corrente, a literatura conclui que a indexação salarial constituiria uma razão forte e poderosa para preferir um regime de taxa de câmbio flexível a um regime de taxa de câmbio fixa. Este resultado surgiu de acordo com uma abordagem tradicional em que se assume que os decisores políticos se preocupam apenas com a estabilização do produto, bem como com uma abordagem mais moderna em que se assume que os decisores políticos se preocupam em manter uma inflação baixa apesar de um produto estável, mas em que as suas preferências são inconsistentes em termos de tempo e expõem-se a um enviesamento inflacionista.[74] A essência deste argumento é que a indexação dos salários ajuda a proteger o produto dos choques monetários, independentemente do regime cambial em vigor. Se este efeito for verdadeiro, a indexação dos salários torna a taxa de câmbio fixa desnecessária para lidar com os choques monetários e reduz as possibilidades de criar surpresas inflacionistas.

---

[74] Alogouskofis, G. 1994. "On Inflation, Unemployment, and the Optimal Exchange Rate Regime". In *The Handbook of International Macroeconomics, editado* por F. Van der Ploeg, 192-223. Cambridge, Massachusetts: Basil Blackwell.

Referências

. Alogouskofis, G. 1994. "On Inflation, Unemployment, and the Optimal Exchange Rate Regime". In *The Handbook of International Macroeconomics, editado* por F. Van der Ploeg, 192-223. Cambridge, Massachusetts: Basil Blackwell.

. Argy, V. 1990. "Choice of Exchange Rate Regime for a Smaller Economy: A Survey of Some Key Issues". Em *Choosing an Exchange Rate Regime: The Challenge for Smaller Industrial Countries,* editado por V. Argy e P.

. De Grauwe, 6-81. Washington: Fundo Monetário Internacional.

. Ball, L., e S. Cecchetti. 1999. "Wage Indexation and Discretionary Monetary Policy" [Indexação salarial e política monetária discricionária]. *American Economic Review* 81(5): 1310-19.

. Barro, R. J., e D. B. Gordon. 1983. "A Positive Theory of Monetary Policy in a Natural Rate Model". *Journal of Political Economy* 91 (abril): 589-610.

. Bergin, P. R., e R. C. Feenstra (2000): "Staggered Price Setting, Translog Preferences, and Endogenous Persistence", Journal of Monetary Economics, 45(3), 657-680.

. Blejer, Mario I., Mohsin S. Khan e Paul R. Masson, "Early Contributions of *Staff Papers* to International Economics", *IMF Staff Papers*, 42, 1995, pp. 707-733.

. Campa, José Manuel, e Linda A. Goldberg, "Exchange Rate Pass-Through into Import Prices: A Macro or Micro Phenomenon?", mimeo, IESE Business School e Federal Reserve Bank of New York, 2001.

. Carmichael, J., J. Fahrer, e J. Hawkins. 1986. "Some Macroeconomic Implications of Wage Indexation: A Survey". In *Inflation and Unemployment: Theory, Experience, and Policy-Making, editado* por V. E. Argy e J. W. Nevile, 78-102. Londres: G. Allen and Unwin.

Corsetti, Giancarlo, e Luca Dedola, "Macroeconomics of International Price Discrimination", mimeo, Universidade de Roma III e Banco de Itália, 2002.

Corsetti, Giancarlo, e Paolo Pesenti, "International Dimensions of Optimal Monetary Policy", mimeo, Universidade de Roma III e Federal Reserve Bank of New York, 2001.

Devereux, M. B., e C. Engel (2003): "Monetary Policy in the Open Economy Revisited: Price Setting and Exchange-Rate Flexibility", Review of Economic Studies, 70(4), 765-783.

Devereux, Michael B., e Charles Engel, "Endogenous Currency of Price Setting in a Dynamic Open Economy Model," NBER Working Paper No. 8559, National Bureau of Economic Research, 2001.

Devereux, Michael B., e Charles Engel, "Monetary Policy in the Open Economy Revisited: Price Setting and Exchange Rate Flexibility," NBER Working Paper No. 7665, National Bureau of Economic Research, 2000.

. Dornbusch, R. (1987): "Exchange Rates and Prices", American Economic Review, 77(1), 93-106.

. Dornbusch, R. (1990): "Exchange Rates and Prices", American Economic Review, 80(1), 93-106.

. Dornbusch, Rudiger, "Exchange Rates and Prices", *American Economic Review*, 77, 1987, pp. 93-106.

Egert, B. (2005): Balassa-Samuelson Meets South Eastern Europe, the CIS and Turkey: A Close Encounter of the Third Kind?, *The European Journal of Comparative Economics*, vol. 2, no. 2, pp. 221-243

Egert, B., Drine, I., Lommatzsch, K. e Rault, C. (2003): The Balassa- Samuelson Effect in Central and Eastern Europe: Myth or Reality?, *Journal of Comparative Economics*, vol. 31, pp. 552-572

Engel, C. (2002): "Expenditure Switching and Exchange-Rate Policy", NBER Macroeconomics Annual, 17, 231-272

Engel, Charles, "Accounting for U.S. Real Exchange Rate Changes", *Journal of*

Political Economy, 107, 1999, pp. 507-538.

Engel, Charles, "The Responsiveness of Consumer Prices to Exchange Rates and the Implications for Exchange-Rate Policy: A Survey of a Few Recent New Open-Economy Macro Models", NBER Working Paper No. 8725, National Bureau of Economic Research, 2002.

Feenstra, Robert C., "Integration of Trade and Disintegration of Production in the Global Economy", *Journal of Economic Perspectives*, 12, 1998, pp. 31-50.

Fischer, S. 1977. "Wage Indexation and Macroeconomic Stability". *Carnegie-Rochester Conference Series on Public Policy* 5: 107-48.

Fischer, S., e L. Summers. 1997. "Should Governments Learn to Live with Inflation?" *American Economic Review* 79(2): 382-87.

Froot, K. A., e P. D. Klemperer (1997): "Exchange Rate Pass-Through When Market Share Matters", American Economic Review, 95(4), 637-654.

Goldberg, P. K., e M. M. Knetter (2000): "Goods Prices and Exchange Rates: What Have We Learned?", Journal of Economic Literature, 35(3), 12431272.

Goldberg, Pinelopi Koujianou e Michael M. Knetter, "Goods Prices and Exchange Rates: What Have We Learned?". *Journal of Economic Literature*, 35, 1997, pp.1243-1272.

. Gray, J. A. 1976. "Wage Indexation-A Macroeconomic Approach" [Indexação salarial - uma abordagem macroeconómica]. *Journal of Monetary Economics* 2(2): 221-35.

Henderson, D.W., e W. J. McKibbin. 1993. "A Comparison of Some Basic Monetary Policy Regimes for Open Economies: Implications of Different Degrees of Instrument Adjustment and Wage Persistence". *Carnegie- Rochester Conference Series on Public Policy* 39 (dezembro): 221-317.

Hummels, David, Jun Ishii e Kei-Mu Yi, "The Nature and Growth of Vertical Specialization in World Trade", *Journal of International Economics*, 54, 2000, pp. 75-96.

. *International Economics*, 50, 2000, pp. 117-153.

Jadresic, E. 1998. "Macroeconomic Performance under Alternative Exchange Rate Regimes: Does Wage Indexation Matter?" Documento de Trabalho do FMI 118. Washington: Fundo Monetário Internacional.

Jadresic, E. 2002. "Wage Indexation and Output Stability Revisited. "*Journal of Credit, Money and Banking.*

. Krugman, P. (1980): "Scale Economies, Product Differentiation, and the Pattern of Trade", American Economic Review, 70(5), 950-959.

. Krugman, Paul R., "Has the Adjustment Process Worked?" in C. Fred Bergsten, ed. *International Adjustment and Financing: The Lessons of1985- 1991*, Washington, D.C.: Institute for International Economics, 1991.

Landerretche, O., F. Lefort, e R. Valdes. 2002. "Causes and Consequences of Indexation: A Review of the Literature".

Machlup, Fritz, "Elasticity Pessimism in International Trade", *Economia Internazionale*, 3, 1950, pp. 118-141.

Marston, R. C. (1990): "Pricing to Market in Japanese Manufacturing", Journal of International Economics, 29(3), 217-236.

Marston, R. C. 1982. "Wages, Relative Prices and the Choice between Fixed and Flexible Exchange Rates". *Canadian Journal of Economics* 15(1): 87-103.

. McCallum, B. T. 1999. "Issues in the Design of Monetary Policy Rules". *Handbook of Macroeconomics*, editado por J. B. Taylor e M. Woodford. Amesterdão: North-Holland

Melitz, M. J. (2003): "The Impact of Trade on Intra-Industry Reallocations and Aggregate Industry Productivity", Econometrica, 71(6), 1695-1725.

Melitz, M. J., e G. I. P. Ottaviano (2008): "Market Size, Trade, and Productivity", Review of Economic Studies, 75(1), 295-316.

Metzler, Lloyd A., "The Theory of International Trade," in Howard S. Ellis, ed., A Survey of Contemporary Economics, Philadelphia. *A Survey of Contemporary Economics*, Philadelphia: Blakiston, 1948.

Milesi-Ferretti, G. M. 1994. "Wage Indexation and Time Consistency". *Journal of Money, Credit and Banking* 26(4): 941-50.

Morande, F. G. 1985. "A Note on Wage Indexation in a Model with Staggered Wage Setting". *Economics Letters* 17: 19-22.

Mundell, R. A. 1975. "Capital Mobility and Stabilization Policy under Fixed and Flexible Exchange Rates". *Canadian Journal of Economics and Political Science* 29 (novembro): 475-85.

Obstfeld, M., e K. Rogoff (1996): Foundations of International Macroeconomics. MIT Press, Cambridge, MA.

Obstfeld, Maurice, "Europe's Gamble", *Brookings Papers on Economic Activity*, 2, 1997, pp. 241-317.

Obstfeld, Maurice, "Inflation Targeting, Exchange Rate Pass-Through, and Volatility", *American Economic Review*, 92, 2002, pp. 102-107.

Obstfeld, Maurice, "International Macroeconomics: Beyond the Mundell- Fleming Model", *IMF Staff Papers*, 47, Special Issue, 2001, pp. 1-39.

. Obstfeld, Maurice, e Kenneth Rogoff, "Global Implications of SelfOriented National Monetary Rules", *Quarterly Journal of Economics*, 117, 2002, pp. 503-535.

. Obstfeld, Maurice, e Kenneth Rogoff, "New Directions for Stochastic Open Economy Models", *Journal of International Economics*, 50, 2000, pp. 117153.

. Orcutt, Guy H., "Measurement of Price Elasticities in International Trade", *Review of Economics and Statistics*, 32, 1950, pp. 117-132.

. Rangan, Subramanian e Robert Z. Lawrence, *A Prism on Globalization: Corporate Responses to the Dollar*, Washington, D.C.: Brookings Institution, 1999.

Rauch, James E., e Vitor Trindade, "Information, International Substitutability, and Globalization", mimeo, Universidade da Califórnia, San Diego, e Universidade de Syracuse, 2002.

. Rotemberg, Julio J., e Branson, William H., "International Adjustment with Wage Rigidity", *European Economic Review*, 13, 1980, pp. 309-332.

Sachs, Jeffrey D., "Wages, Flexible Exchange Rates, and Macro-Economic Policy", *Quarterly Journal of Economics*, 94, 1980, pp. 731-747.

. Simonsen, M. H. 1983. "Indexação: Current Theory and the Brazilian Experience". Em *Inflation, Debt and Indexation*, editado por R. Dornbusch e M. H. Simonsen, 99-132. MIT Press.

Tinbergen, Jan, *An Econometric Approach to Business Cycle Problems*, Paris: Hermann, 1937.

Buy your books fast and straightforward online - at one of world's fastest growing online book stores! Environmentally sound due to Print-on-Demand technologies.

Buy your books online at
www.morebooks.shop

Compre os seus livros mais rápido e diretamente na internet, em uma das livrarias on-line com o maior crescimento no mundo! Produção que protege o meio ambiente através das tecnologias de impressão sob demanda.

Compre os seus livros on-line em
www.morebooks.shop

Printed by Books on Demand GmbH, Norderstedt / Germany